ULF-GUNNAR SWITALSKI
ALEXANDER RECKHAUS
JONAS MOLL

REISEN WIE DIE REICHEN

PURER LUXUS OHNE VIEL GELD – MIT DER MILLION-POINTS-CLUB-METHODE

NXTLVL

Bibliografische Information der Deutschen Nationalbibliothek
Die Deutsche Nationalbibliothek verzeichnet diese Publikation in der Deutschen Nationalbibliografie; detaillierte bibliografische Daten sind im Internet über dnb.dnb.de abrufbar.

Wir freuen uns auf eure Anregungen und Fragen
info@nextlevelverlag.de

Wichtiger Hinweis

Die im Buch veröffentlichten Empfehlungen wurden von Verfasser und Verlag erarbeitet und geprüft. Der Inhalt dieses Buches beruht ausschließlich auf den persönlichen Erfahrungen des Autors und erhebt keinen wissenschaftlichen Anspruch. Die benutzten Begrifflichkeiten sind wertfrei. Eine Garantie kann dennoch nicht übernommen werden. Ebenso ist die Haftung des Verfassers bzw. des Verlages und seiner Beauftragten für Personen-, Sach- und Vermögensschäden ausgeschlossen.

Auch wenn eine gendergerechte Sprache wünschenswert ist, gibt es aus Sicht des Verlages bisher keine befriedigende, gut lesbare Lösung. Der leichten Lesbarkeit zuliebe haben wir des Öfteren von der Doppelung männlicher und weiblicher Formen Abstand genommen. Selbstverständlich liegt es uns fern, dadurch einen Teil der Bevölkerung zu diskriminieren.

Originalausgabe
1. Auflage 2025

NXT LVL GmbH, An der Dornwiese 2, 82166 Gräfelfing
www.next-level-verlag.de

Layout und Satz: inpunkt[w]o, Wilnsdorf (www.inpunktwo.de)
Korrektorat: Ruth Kalmund
Cover- und Umschlaggestaltung: www.b3k-design.de, © 2024 Andrea Schneider & diceindustries

Druck: GGP Media GmbH, Pößneck
Printed in the EU

ISBN Print: 978-3- 68936-059-7
ISBN E-Book (PDF): 978-3- 68936-060-3
ISBN E-Book (EPUB, Mobi): 978-3-68936-061-0

Inhalt

!

Warnhinweis

Bei der Zusammenstellung dieser Informationen wurde Wert auf größtmögliche Sorgfalt und Aktualität gelegt. Die Anbieter von Kundenbindungsprogrammen ändern ihre Bedingungen oft und schnell, Partner und Benefits können häufig wechseln.

Wir weisen darauf hin, dass Verstöße gegen die Teilnahmebedingungen zum Verlust aller Punkte und Meilen sowie zur Kündigung der Accounts führen können. Die Umsetzung der hier genannten Tipps erfolgt deshalb in Eigenverantwortung.

Um auf dem Laufenden zu bleiben und keine attraktive Aktion zu verpassen, scanne den QR-Code und wirf einen Blick auf die aktuelle Übersicht, abonniere den kostenlosen Upgrade-Guru-Newsletter und nutze die *Million-Points-Club*-App.

SCAN ME

Willkommen im Million Points Club

Reisen wie die Reichen – das klingt nach einem fernen Traum, oder? Doch genau hier setzen wir an: Luxusreisen sind kein Privileg mehr, sondern eine Frage der richtigen Strategie. Mit unserer *Million-Points-Club*-Methode zeigen wir dir, wie du dir das leisten kannst, ohne ein Vermögen auszugeben.

Die Idee dahinter? Meilen und Punkte sind ab heute deine neue Zweitwährung. Egal, ob bei Payback, beim Online-Shopping oder auf Reisen – Meilen kannst du fast überall sammeln, und mit den richtigen Kniffen füllen sich deine Konten schneller, als du denkst. Bald wirst du Flugtickets in Business oder First Class und luxuriöse Hotelsuiten genießen, für die andere Tausende Euro bezahlen müssen.

Dieses Buch ist keine Werbeveranstaltung. Es ist eine Einladung, smarter zu reisen – und mehr aus deinem Alltag herauszuholen. Schritt für Schritt erfährst du, wie du deine Chancen maximierst und jede Gelegenheit nutzt. Dabei konzentrieren wir uns auf bewährte Programme wie Miles & More, Payback & Co. und zeigen dir auch, wie du mit kleinen Tricks große Ziele erreichst.

Die Möglichkeiten sind schier endlos: Ob beim Einkaufen, Reisen oder sogar durch cleveres Bezahlen – Meilen sammeln wird ein Teil deines Alltags.

Der Traum vom Luxusflug oder der exklusiven Hotelsuite ist schneller zum Greifen nah, als du dir vorstellen kannst.

Mach dich bereit für deinen Start in den *Million Points Club*. Dein Abenteuer beginnt hier – mit uns an deiner Seite.

Reisen wie die Reichen

Wir sind gerade etwas grummelig. Vor einer Stunde sind wir in Kapstadt gelandet. Wir haben gut gegessen und sind voll entspannt gelandet. Mussten nicht in der schier endlosen Schlange beim Check-in am Flughafen stehen. Durften als Erste an Bord. Wir fühlen uns munter und sollten uns eigentlich darauf freuen, ganz bald einen ersten Spaziergang am Strand zu machen.

Stattdessen sitzen wir hier im Taxi und sind eben grummelig. Warum? Wir sitzen im Taxi. In der Ankunftshalle waren wir einfach ein paar Sekunden zu faul und haben, ohne weiter nachzudenken, das nächstbeste Taxi genommen. Ein Taxi und kein Uber. *Anfängerfehler*, denken wir und lachen, wieder ein wenig besänftigt, in uns hinein. Einige wertvolle Meilen haben wir damit eben gerade einfach liegengelassen. Dabei lautet unser Leitmotto: Nimm jede Meile mit, lass nie einen Punkt liegen!

Verstehst du nur Bahnhof? Denkst du, wir haben uns im besten Fall vertippt oder reden schlimmstenfalls wirres Zeug? So ist es nicht. Wir leben unseren *upgraded Lifestyle* und freuen uns, ein wenig mehr Luxus auf Reisen zu genießen.

In den letzten Jahren waren wir an wunderschönen Orten auf der Welt. Ulf-Gunnar hat die Seele in Ubud auf Bali baumeln lassen, erinnert sich immer noch an seinen Überschallflug mit der Concorde, hat sich über duftende Rosen- und Orchideenblüten im Badezimmer der First Class auf dem Weg ins quirlige thailändische Bangkok erfreut und ein 5-Gänge-Menü zwischen Rio de Janeiro und Rom genossen.

Während andere genervt in ungemütlichen Hallen auf ihren Anschlussflug warteten, hat Alex auf dem Crosstrainer im Fitnessstudio der Garden Lounge am Flughafen Doha etwas für seine Gesundheit getan, und als ihm die Flugbegleiterin zwischen Frankfurt und Miami einen Pyjama reichte, freute er sich, 5.800 Euro für den Flug gespart zu haben.

In Singapur bekam Jonas im Hotel die Suite statt einer Besenkammer. Auf seinem ersten Business-Class-Flug mit Emirates hat er königlich die komplette Speisekarte rauf und runter probiert und mittlerweile triffst du ihn immer ein paar Stunden vor Abflug am Flughafen, um Lounges zu checken und nach einem kühlen Glas Champagner ganz entspannt als einer der Ersten an Bord zu gehen.

Wenn wir uns nach einer Reise mit Freunden treffen, sind wir mittlerweile die ungläubigen Blicke gewohnt: »Wie macht ihr das nur? Business Class statt Holzklasse. Tolle Hotels. VIP am Flughafen. Frühstück aufs Haus, freie Drinks an der Bar – und das alles kostenfrei?«

Kundenbindungsprogramme ist das Stichwort – und schlicht der Schlüssel zu dieser Reisewelt, diesem Urlaubsschlaraffenland, in dem nicht nur Milch und Honig, sondern auch Champagner fließen. Doch darauf entgegnet unser kopfschüttelndes Gegenüber: »Davon habe ich noch nie gehört!« oder »Das schaffe ich ja doch nicht!«

Ich sage nur: »Quatsch!« Der einzige Trick liegt im Kombinieren und Optimieren der unterschiedlichen Programme, und mit ziemlicher Sicherheit bist auch du einer von rund 31 Millionen Deutschen, die eine meist ungenutzte Payback- oder Miles & More-Karte im Portemonnaie mit sich herumtragen. Die Kunst ist, sie gekonnt einzusetzen – und schon winken dir nicht nur tolle Reisen, Flüge in der Business oder der First Class, sondern vor allem auch unvergessliche Erlebnisse!

»Ihr fliegt aber auch total oft!«, ist das oft fast verzweifelte letzte Aufbäumen unseres Gesprächspartners. Nein.

»Ihr gebt aber auch viel Geld beim Shopping aus!« Nein.

Jeder kann das haben. Und wir reden hier nicht von ein paar Mini-Prozent-Rabatten, sondern vom Luxus für alle!

Gönne dir einfach ein wenig mehr in den schönsten Wochen des Jahres. Ohne mehr Geld auszugeben. Ohne irgendetwas einkaufen zu müssen, was du schlichtweg nicht brauchst.

Wie heißt es so schön: Glück ist, was passiert, wenn Vorbereitung auf Gelegenheit trifft. Die Gelegenheit hast du jeden Tag zig Mal: an der Supermarktkasse, am Fahrkartenschalter, wenn du eine Überweisung tätigst, online ein T-Shirt bestellst, in einem Hotel übernachtest, mit deiner Familie essen gehst, dir eine größere Anschaffung gönnst oder auch nur ein Deo in der Drogerie besorgst. Das Einzige, was du machen musst, ist, wirklich umzusetzen, was wir dir sagen. Ab jetzt. Heute. Sofort.

Dann treffen wir uns ganz bald persönlich. Am besten in der First Class.

Wie geil ist das denn?

59 Köpfe zählen wir in der Schlange, als wir am Check-in-Schalter ankommen. Die vielen Mitreisenden, die schon geduldig warten, stören uns nicht, denn wir gehen einfach an ihnen vorbei und stehen plötzlich an erster Position. Heute ziehen wir wieder an allen vorbei, denn wir haben ein Business-Class-Ticket in der Tasche.

Über unsere zwei großen Koffer machen wir uns keine Gedanken und stellen sie entspannt auf das Gepäckband. Uns steht deutlich mehr Freigepäck als anderen Fluggästen zu, und wir wissen schon jetzt, dass wir nicht lange warten müssen, wenn wir gelandet sind. *Priority* steht auf den Anhängern, die jetzt unsere Koffer zieren. Das bedeutet ganz einfach: Unsere Koffer kommen zuerst wieder aus dem Flugzeug heraus.

Heute sind wir ungewöhnlich früh am Flughafen. Nicht immer erlebt man uns so entspannt, denn normalerweise kommen wir – außer Jonas – auf den letzten Drücker. Da wir nicht nur in der Warteschlange am Check-in bevorzugt behandelt werden, sondern auch den sogenannten ***Fast Track*** an den Sicherheitskontrollen nutzen können, schlendern wir an weiteren Wartenden vorbei, die teilweise schon eine Stunde vor uns das gesamte Prozedere vor Abflug über sich ergehen lassen müssen.

In der Abflughalle herrscht Trubel: Die meisten Tische in den kleinen Bistros, Stühle und Bänke sind ausnahmslos besetzt, und die Reinigungskräfte kommen gar nicht hinterher, die herumliegenden Zeitungen aufzusammeln und für Ordnung zu sorgen. Als wir auf den Bildschirm schauen und nach unserem Abfluggate suchen, trauen wir unseren Augen kaum. Schon wieder: 60 Minuten Verspätung. Als sich in uns das HB-Männchen aufbäumen will, atmen wir tief durch und gehen zielstrebig zur VIP-Lounge. Dort erwarten uns vor allem etwas Ruhe, ein Longdrink oder ein Glas Wein, kleine Snacks, schnelles Internet, Zeitungen und Zeitschriften und – je nach Ausstattung der Lounge – Duschen oder sogar kleine Fitnessstudios. *Sesam, öffne dich.*

Was beim Check-in begann, setzt sich beim Einsteigen fort. Wenn wir nicht noch in der Lounge sitzen und unsere frisch gebrühten Cappuccinos austrinken würden, wären wir als eine der Ersten ins Flugzeug eingestiegen. Jeder kennt die oft nervigen Durchsagen, wenn man endlich an Bord möchte: »Wir bitten unsere Gäste in der Business Class oder mit der Platinum- und Gold-Karte ...« und so weiter. Was viele in Rage bringt, beruhigt unsere Nerven.

Kaum an Bord, wird uns ein feuchtes Tuch gereicht – wahrscheinlich, damit wir uns schnell von den bisherigen *Strapazen* erholen können. Die nächsten Stunden wird es so weitergehen. Wir werden ausgiebig essen, ausreichend schlafen, als Erste bei der Passkontrolle sein und mit unseren Koffern wahrscheinlich schon im Taxi sitzen, wenn alle anderen dem Grenzbeamten gerade erst ihren Ausweis vorlegen.

Haben wir das verdient? Diese Frage stellen wir uns nicht. Wir haben es uns verdient, und du kannst das auch. Während viele den kleinen Statuskärtchen mit den oft illustren Namen hinterherjagen, obwohl sie gar nicht oft fliegen, konzentrieren wir uns vor allem auf das Sammeln von Prämienmeilen. Denn so kommst du schnell zu deinem Flugticket in der Luxusklasse und erhältst alle Vorteile am Flughafen sozusagen als kleines Extra obendrauf.

Wir hören dich schon sagen: »Wie geil ist das denn?«, wenn du bei deinem nächsten Flug in den Urlaub vorne sitzt.

Payback

»Hast du eine Payback-Karte?!«

Payback ist mit rund 31 Millionen Teilnehmenden das größte und beliebteste Bonusprogramm in Deutschland. Der Name bedeutet so viel wie Rückzahlung. Und das ist Programm und wird offensichtlich, sobald du dir das Prinzip von Payback genauer anschaust.

Die Funktionsweise ist ziemlich einfach: Du kaufst bei einem Partner von Payback ein und bekommst dafür Payback-Punkte. Unter den über 600 Payback-Partnern sind so bekannte Unternehmen wie Edeka, dm, Aral, MediaMarkt, About You und Burger King. Davon machen die reinen Online-Shops den weitaus größeren Teil aus, es gibt aber natürlich auch viele stationäre Läden.

Jeder Payback-Punkt hat den Gegenwert von einem Cent. Je nach Partner bekommst du zwischen 0,5 und 4 % des Warenwertes gutgeschrieben. Doch mit den richtigen Aktionen können das auch mal bis zu 25 % werden – und das klingt doch schon deutlich interessanter.

Im Endeffekt würde es keinen großen Unterschied machen, wenn du anstatt eines Payback-Punktes einfach einen Teil deines ausgegebenen Geldes wieder zurückbekämst. Denn die Payback-

Punkte kannst du, wenn du ein Minimum von 200 Punkten gesammelt hast, im Payback-Shop ausgeben. Genau das machen die meisten Mitglieder.

Doch das ist sicher nicht das, was wir damit machen. Denn ein Payback-Punkt mag zwar auf den ersten Blick nur einen Cent wert sein, aber das gilt nicht immer. Beginnst du beispielsweise damit, deine Punkte umzutauschen, dann sieht das Ganze schon anders aus. Doch dazu später mehr. Jeder Payback-Punkt ist sozusagen eine Rückzahlung deiner Ausgaben, nur eben in einer anderen Währung.

Manchmal fällt es einem ein bisschen schwer, mit einer neuen Währung umzugehen. Weder weißt du genau, was sie eigentlich wert ist, noch wie du sie am gewinnbringendsten ausgeben solltest. In diesem Fall brauchst du dir darüber keine Sorgen zu machen, denn dafür hast du jetzt uns an deiner Seite.

Für uns gibt es nur einen Grund, Payback-Punkte zu sammeln: Mit Payback können wir umsonst Luxus auf Reisen erleben und holen so bis zu 11 Cent an Wert aus einem Punkt heraus.

Los geht's: Anmelden und Payback-Karte bekommen

»Hast du eine Payback-Karte?« Diese Frage, die du wohl schon oft an der Ladenkasse gehört hast, macht jetzt plötzlich Sinn. Denn ohne Karte kannst du keine Punkte sammeln. Und natürlich hat die Karte einige nützliche Funktionen. Doch immer dabeihaben brauchst du sie eigentlich nicht.

Bevor du eine Payback-Karte bekommst, musst du dich natürlich zuerst anmelden. Hier gibt es verschiedene Möglichkeiten. Du kannst dich über einen Flyer anmelden, den du bei allen stationären Partnern findest, oder über die Internetseite von Payback oder von einem der Partner. Einige Partner bieten eigene Kartendesigns an. Wenn du dich zum Beispiel bei Aral angemeldet hast, ist deine Karte von Aral gebrandet.

Du kannst schon bei deiner Anmeldung Punkte sammeln. Bitte zum Beispiel jemanden aus deinem Bekanntenkreis, dich als neues Mitglied zu werben. Das bringt euch jeweils 200 Punkte. Selbstverständlich kannst du auch abwarten, bis einer der größeren Payback-Partner wie EDEKA oder dm eine spezielle Aktion durchführt. Das kann schon einmal 400 Punkte für Neumitglieder bringen. Wir würden dir empfehlen, die Freundschaftswerbung zu nutzen. So verlierst du nicht unnötig Zeit und kannst sofort mit dem Punktesammeln starten.

Die Hauptfunktion deiner Karte ist es, deinen Einkauf mit deinem Payback-Konto zu verknüpfen. Dafür wird sie einmal an der Kasse gescannt – und das war's auch schon. Mehr hat deine Karte eigentlich auch gar nicht zu bieten, und für diesen Prozess benötigst du sie seit einiger Zeit auch gar nicht mehr.

Denn hast du die Payback-App auf deinem Handy, ist dort auch eine digitale Version deiner Karte integriert. Rufst du sie auf, siehst du einen QR-Code, der genau wie die Standardkarte ganz einfach an der Kasse gescannt wird oder den du mittlerweile sogar selbst scannen kannst. Das bedeutet, dass du deine Payback-Karte eigentlich zu Hause lassen kannst. Das wäre allerdings eine kleine Verschwendung, denn du kannst die Karte stattdessen unter die Leute bringen.

Du bekommst nämlich standardmäßig zwei Karten zugeschickt, wenn du dich bei Payback anmeldest. Wenn du ausschließlich dein Handy mit der App nutzt, kannst du natürlich gleich beide Karten an Leute aus deinem Freundeskreis oder Familienmitglieder weitergeben, die nicht selbst sammeln – mit der (netten) Bitte, sie an der Kasse, vor allem bei größeren Einkäufen, vorzuzeigen. So kannst du noch mehr Punkte sammeln. Außerdem kannst du dir theoretisch sogar öfter neue Karten zuschicken lassen und so die Menge derer erhöhen, die gemeinsam mit dir sammeln.

Du hast deine Payback-Karte verloren? Kein Problem, denn für Notfälle hast du ja deine App immer dabei und kannst so weiterhin alle deine Punkte sammeln. Falls du allerdings trotzdem eine neue Karte haben möchtest, ist das natürlich auch kein Problem. Denn wenn du deine Payback-Karte verloren hast, gibt es einen kostenlosen Ersatz. Das geht am einfachsten online. Zur Bestellung der Ersatzkarte musst du in dein Konto eingeloggt sein. Du brauchst deine Kundennummer/E-Mail-Adresse und dein persönliches Passwort (neuer Login). Falls du deine Kundennummer nicht findest, kannst du ganz einfach in der App nachschauen oder die postalisch versendeten Punkteübersichten prüfen. Falls du die Nummer nicht findest, melde dich einfach bei der Payback-Hotline (+49 089 540 20 80 20).

Payback-Punkte im Laden sammeln

Im stationären Handel gehst du einkaufen wie immer. Nur nicht vergessen: An der Kasse lässt du deine Payback-Karte scannen. Entweder gibt es extra für diesen Zweck einen Scanner, den du selbst nutzen kannst, oder du gibst die Karte dem Kassenpersonal, das sie dann für dich scannt. Die Ausrede »Ich habe meine

Karte vergessen« gilt ab heute nicht mehr, denn die hast du ab jetzt ganz bequem auch in der App.

Du erhältst mindestens 1 Payback-Punkt pro 2 ausgegebenen Euro. Und ein Punkt pro 2 Euro macht genau 0,5 % Cashback. Doch es gibt immer wieder besonders interessante Aktionen verschiedener Payback-Partner, die du auf keinen Fall verpassen solltest, um viel schneller viel mehr zu sammeln. Dann kommen Multiplikatoren ins Spiel, die dir bei deinem nächsten Einkauf 5-, 10-, 20- oder sogar bis zu 50-fach Punkte bringen. Coupons heißen diese Punkteturbos, auf die du nicht verzichten solltest. Es gibt nur eine winzig kleine Hürde dabei: Die Coupons werden nicht automatisch für dich aktiviert. Das musst du schon selbst tun.

Die Coupons – dein Punkteturbo

Du bekommst regelmäßig Post von Payback zu dir nach Hause. In dieser Punktepost findest du vor allem deine Coupons. Diese Coupons sind es, die dir deinen Punkteboost ermöglichen. So gibt es neben 2-fachen bis 50-fachen Punktemultiplikatoren zum Beispiel auch Bonuspunkte für einen Einkauf in einem ausgewiesenen Shop. Und auch hier tritt wieder dieses kleine Problem auf. Denn du musst dir den jeweiligen Coupon deiner Wahl herausreißen, mit in den Shop nehmen und dort an der Kasse aktivieren. Aktiviert wird er, indem er, genau wie deine Karte, eingescannt wird. Das ist zwar nicht wirklich aufwendig, aber es birgt die Gefahr, den entsprechenden Coupon zu vergessen (zu Hause oder sogar noch im Portemonnaie), und du trägst irgendwann einen Haufen Papiercoupons mit dir herum.

Doch deine Coupons werden dir gleichzeitig auch in deinem Payback-Onlinekonto oder in der App bereitgestellt. Die kannst du online oder direkt mobil aktivieren – so hast du die Coupons immer dabei und sie werden bei deinem nächsten Einkauf berücksichtigt.

Die eCoupons sind mittlerweile die praktischere Alternative. Du findest sie sowohl auf payback.de unter dem Reiter *eCoupons* als auch in der App unter *Coupons*. Da du auf jeden Fall die Payback-App auf deinem Handy haben solltest (dazu unten mehr), hast du bei einer Aktivierung auch immer alle deine eCoupons dabei. Ohne jede Menge Papier in deiner Hosentasche, sondern ganz einfach digital.

Wichtig ist es, den jeweiligen eCoupon vor dem Kauf zu aktivieren, sonst erhältst du deine Vielfach-Punkte nicht. Am einfachsten gehst du zweimal in der Woche – wir selbst machen es immer montags- und donnerstagsmorgens vor dem Aufstehen – in die App und aktivierst kurzerhand alle Coupons. Dann kannst du keinen vergessen. Wir empfehlen ganz besonders, die Coupons in der App scharf zu schalten. Payback führt mehr und mehr Aktionen durch, bei denen du deutlich mehr Punkte bekommst, wenn du den eCoupon in der App aktivierst als auf payback.de

Übrigens: Nicht alle Coupons findest du bei Payback selbst. Einige Läden bieten dir spezielle Bonusaktionen auf ihren eigenen Seiten oder direkt vor Ort beim Einkaufen an. Achte immer darauf! Das klingt im ersten Moment etwas nervig, ist es aber eigentlich gar nicht und rentiert sich noch dazu!

Einige Märkte führen zum Beispiel in jeder Woche Bonuspromotions für einzelne Produkte oder Warengruppen durch, bei denen du bis zu 50-fach Punkte einheimsen kannst. dm bietet dies jeden Monat. Diese Info findest du auf der Internetseite des jeweiligen Partners und im Prospekt, den du vielleicht im Briefkasten hast. Auf jeden Fall im Laden, meist prominent auf Plakaten im Eingangsbereich, am Payback-Terminal und meist auch direkt am entsprechenden Regal. Das ist kein großer Aufwand für dich – du musst nur die Augen offenhalten.

Payback-Punkte online sammeln

Dein Online-Einkauf in fast 700 Partnershops kann über zwei Wege abgeschlossen werden: Entweder du kaufst bei den Onlinepartnern auf der Website ein und das Punktesammeln ist in den Buchungsprozess integriert. Soll heißen, irgendwann während des Bezahlungsvorgangs musst du deine Payback-Kartennummer angeben und profitierst von Punkten.

Es gibt allerdings auch jede Menge Onlineshops, wie zum Beispiel Zalando, bei denen das so nicht funktioniert. Um hier Punkte zu sammeln, musst du auf payback.de gehen und dort deinen Einkauf starten. Du wählst dann einfach aus der Onlineshop-Liste *Zalando* aus, klickst auf den Namen und wirst auf die entsprechende Seite weitergeleitet, wo du ganz normal deinen Einkauf inklusive Payback-Punkten durchführen kannst.

Dieses Vorgehen empfehlen wir dir immer, weil so mit Sicherheit auch deine Coupons mit den Aktionspunkten (eCoupons) gutgeschrieben werden.

In einigen Shops kannst du deine Payback-Kartennummer hinterlegen. Sie ist dann auf der Seite für deine zukünftigen Einkäufe gespeichert.

PIA – kein Angebot verpassen

Eine zu große Auswahl – kann es so etwas tatsächlich geben? Auf jeden Fall, denn wer einem Überangebot gegenübersteht, verliert schnell die Übersicht. Und das kann auch bei den hunderten Online-Partnershops von Payback passieren – zumindest dann, wenn du PIA (steht für Payback Internet Assistent) noch nicht kennst.

Dabei handelt es sich um eine Erweiterung – ein sogenanntes Add-on – für deinen Internetbrowser. Momentan funktioniert es mit Firefox, Chrome und dem Internet Explorer alias *Edge*. An der Nutzung für Safari und andere Browser wird zurzeit noch gearbeitet.

Was genau macht nun dein Payback-Assistent? Das ist eigentlich ganz einfach. Während du im Internet surfst, weist PIA dich darauf hin, wenn du auf der jeweiligen Internetseite Payback-Punkte sammeln kannst.

Dass EDEKA ein Payback-Partner ist, wissen mittlerweile vermutlich alle. Aber was ist mit MediaMarkt, Asos, Groupon, Apple und vielen weiteren Shops?

Wir selbst hatten gerade erst zwei Gutscheine auf Groupon gekauft und dabei komplett vergessen, uns unsere Payback-Punkte zu holen. Ein ziemlich unnötiger, aber auch nachvollziehbarer Fehler. Mit PIA wäre uns das allerdings nicht passiert. Denn wenn wir mit dem aktivierten Payback-Assistenten die Website von Groupon aufrufen, erscheint direkt eine kleine Push-Benachrichtigung in der oberen Ecke des Bildschirms. Und diese Benachrichtigung zeigt sogar die momentan gültigen Coupons.

Übrigens, wenn du die Payback-App auf deinem Handy hast, kannst du dir auch Push-Benachrichtigungen ins echte Leben holen.

Wenn du einen Shop betrittst, der Payback-Partner ist, registriert PIA das bei eingeschaltetem Bluetooth und lässt es dich wissen. So kannst du auch im stationären Geschäft sicher sein, keine Punkte mehr zu verpassen.

Um PIA zu installieren, gehst du auf payback.de/online-shopping/pia. Dort musst du einfach nur den Button ***Jetzt starten*** anklicken und die Benachrichtigungen deines Browsers akzeptieren. Die Erweiterung wird automatisch installiert. Danach loggst du dich mit deinen Payback-Daten bei PIA ein und schon geht es los! Ab jetzt bekommst du immer eine Benachrichtigung, wenn du auf einer Website bist, auf der du Payback-Punkte sammeln kannst. Das ist übrigens vor allem bei seltenen Anschaffungen praktisch. So hat vor Kurzem ein Bekannter von uns eine Matratze gekauft, ohne sich bewusst zu sein, dass man bei Otto Punkte sammeln kann. Dabei gab es dort gerade einen 3-fachen Multiplikator. In diesem Fall hat er eine vierstellige Anzahl von Punkten eben nicht mitgenommen – Pech gehabt.

Bevor du dich jetzt an deinen Computer setzt und PIA zu deinem neuen Wegbegleiter machst, wirf einen Blick in deine eCoupons. Für das Installieren und die erste Nutzung wirst du meist mit bis zu 400 Gratispunkten belohnt.

Payback-Punkte mobil sammeln

Die Payback-App für dein Smartphone bietet dir einen enormen Vorteil: Du hast deine Karte immer dabei und kannst (eigentlich) keine Bonuspunkte mehr verpassen. Handy gezückt, Karte gescannt, Punkte gesammelt.

In der Payback-App sind alle Coupons elektronisch gespeichert. So besitzt du eine übersichtliche Liste aller eCoupons jederzeit griffbereit auf deinem Handy. Sie sind sortiert nach dem jeweiligen Shop, gehen nicht verloren und sehen auch nicht nach zwei Tagen irgendwie zerknautscht aus. Wenn es um die Nutzung der Coupons geht, wird es erst so richtig spannend: Du klickst auf dem entsprechenden Coupon einfach im Vorhinein auf *Aktivieren* – und fertig. Die Aktivierung wird automatisch von der Payback-Karte registriert, und bei deinem nächsten Einkauf wird, sobald du deine Karte scannst, der Coupon automatisch eingelöst.

Damit du keine Payback-Aktion und dadurch vielleicht wertvolle Punkte verpasst, schaue am besten zweimal in der Woche in der App nach. Es gibt immer wieder neue Coupons. Aktiviere am besten gleich alle. So hast du deinen Punktebooster ständig aktiviert.

Payback unternimmt allerhand Aktionen, um die Nutzung der App weiter zu pushen. Am Mobile Monday zum Beispiel gibt es Extra-Punkte, und bei vielen Coupons wirst du für die In-App-Aktivierung zusätzlich belohnt. Außerdem gibt es regelmäßig Spiele, bei denen du allerhand gewinnen kannst.

Eine Funktion der Payback-App ist noch relativ unbekannt: Payback Pay. Und obwohl Payback Pay laut *Heise Online 2020* das an der Ladenkasse am häufigsten benutzte kontaktlose Bezahlsystem war, treffen wir jeden Tag Leute, die noch nie davon gehört haben.

Was genau ist Payback Pay?

Die Zukunft ist mobil. Sei es Surfen im Internet, Einkaufen, Payback-Punkte sammeln oder verschiedene Bezahlmethoden. Das weiß auch Payback und hat daher seit einiger Zeit eine hauseigene Bezahlmethode namens Payback Pay in die Payback-App integriert.

Bei Payback Pay handelt es sich um einen Zahlungsdienst, mit dem du bei momentan sechs verschiedenen Payback-Partnern bezahlen kannst: Alnatura, Aral, dm, Edeka, TeeGschwendner und Thalia.

Du bekommst auf deinem Handy einen QR-Code angezeigt, den du an der Kasse scannen kannst. Die Bezahlung funktioniert automatisch. Scannst du diesen Code, sammelst du parallel direkt deine Payback-Punkte; du musst also nicht extra noch deine Payback-Karte scannen. Da du dein Handy ja meist dabeihast, hast du also immer die Möglichkeit, mit Payback Pay zu zahlen.

Um dich bei Payback Pay anzumelden, kannst du ganz einfach deine Bankverbindung und Adressdaten in der Payback-App speichern. Du erteilst dann eine Genehmigung zur Lastschrift. Der Rechnungsbetrag deines Einkaufs wird von deinem hinterlegten Bank- oder Sparkassenkonto abgebucht, wie bei der EC-Karte. Du kannst auch einige ausgewählte Kreditkarten bei PAY hinterlegen.

Bei Payback Pay wirst du mit zusätzlichen Punkten belohnt. Zur Sicherheit und zur Kontrolle deines angegebenen Kontos wirst du aufgefordert, eine Überweisung von 1 Cent zu tätigen. Ein paar Tage später ist deine Anmeldung freigeschaltet und dein Handy ist einsatzbereit. Danach wählst du entweder eine PIN aus oder du hinterlegst deinen Fingerabdruck, wenn dein Handy mit einem solchen Sensor ausgestattet ist. Du aktivierst Pay in der App fast genauso wie deine mobile Payback-Karte, klickst aber stattdessen auf das Symbol darüber, bei dem *PAY: Bezahlen & Punkten* steht.

Bei der Zahlung mit Pay bekommst du die doppelte Anzahl an Basispunkten. Mehrfach-Coupons werden dabei nicht berücksichtigt. Nehmen wir an, deine Rechnungssumme beträgt 20 Euro und du bekommst dafür 10 Payback-Punkte. Bei der Zahlung mit Pay werden die Basispunkte verdoppelt, du erhältst also noch 10 Punkte obendrauf.

Wie immer, wenn Payback einen neuen Dienst bekannt machen möchte, wirst du für die Nutzung belohnt. Genau wie für die App selbst oder für PIA gibt es auch für das Bezahlen mit Pay oft Bonuspunkte. Bis zu 33-fache Punkte können so auf deinem Konto landen. Wenn du im Rahmen dieser Aktionen Pay nutzt, bekommst du fast immer mehr Punkte, als wenn du deine Kreditkarte einsetzt. Wie immer lohnt sich also ein kurzer Vergleich.

Für Einsteiger: Payback American Express

Nicht viele kennen sie, doch jeder sollte sie in seinem Portemonnaie haben. Die Payback-Kreditkarte von American Express ist ein wahrer Schatz unter den Kreditkarten. Sie ist und bleibt absolut kostenlos. Du kannst aber trotzdem jede Menge Payback-Punkte damit sammeln.

Warum kommen wir plötzlich auf eine Kreditkarte? Erinnerst du dich an die ersten Seiten in diesem Buch? Eine der wichtigen Grundvoraussetzungen für das Sparen mit Punkten und Meilen ist die Veränderung deines Zahlungsverhaltens. Je öfter du dein Bargeld im Portemonnaie lässt, desto schneller erreichst du die Million Punkte auf deinem Konto.

Die Payback American Express hat einige Vorteile. Um den Punkteverfall musst du dir keine Gedanken mehr machen. Solange du die

Karte besitzt, stoppt sie deinen Punkteverfall. Du musst nur mindestens alle 36 Monate einmal damit etwas bezahlen. Noch dazu gibt es mit Payback Max eine Möglichkeit, noch mehr Punkte zu sammeln.

Wenn du die Payback-American-Express-Karte erfolgreich beantragst, bekommst du mindestens 1.000 Payback-Punkte als Willkommensgeschenk. Diese Prämie kann aber auch höher ausfallen – bis zum Rekordbonus von 4.000 Punkten.

Wenn du uns jetzt fragst, ob es einen perfekten Zeitpunkt zum Beantragen gibt, dann antworten wir: Nein. Natürlich ist es super, wenn du einen hohen Bonus beim Beantragen bekommst. Aber wichtiger ist, dich an das neue Zahlungsverhalten zu gewöhnen, damit dir dauerhaft keine Punkte mehr durch die Lappen gehen. Wenn du das Beantragen immer in der Hoffnung auf den nächsthöheren Bonus hinausschiebst, verlierst du in der Zwischenzeit meist mehr Punkte, als du beim Bonus bekommst.

Der richtige Zeitpunkt zum Beantragen ist also jetzt. Nutze einfach den QR-Code am Ende des Buches – dann siehst du auch gleich, welchen Willkommensbonus du aktuell bekommst.

Beim Bezahlen mit der Karte sammelst du 1 Punkt pro 3 Euro auf alle Umsätze. Auch ein Einkaufsschutz ist in der Karte enthalten, in diesem Fall eine Versicherung für ein erweitertes Rückgaberecht von 90 Tagen. Außerdem erhältst du Zugang zu den sogenannten Amex Offers, die oftmals wirklich superinteressant sind. Dabei handelt es sich um Deals, bei denen du entweder zusätzliche Payback-Punkte sammeln kannst oder ab einem bestimmten Umsatz zusätzlich einen attraktiven Cash-Rabatt erhältst. So kannst du manchmal einige hundert Euro sparen.

Manchmal hört man, dass die Akzeptanz von American Express in Deutschland nicht allzu hoch sei. Aber da hat sich in den vergangenen Jahren sehr viel getan. Mittlerweile akzeptiert jeder Discounter, Super- oder Drogeriemarkt die Karte. Auch in ganz vielen kleinen Geschäften kannst du mit ihr problemlos zahlen. Sollte es einmal doch nicht funktionieren, kannst du dich erkundigen, ob der Laden Apple Pay akzeptiert, denn dort kannst du die Karte hinterlegen.

Übrigens kannst du mit dieser Karte auch deine Online-Einkäufe bezahlen. Wenn der Store Amex nicht akzeptiert, dann zahl mit PayPal. PayPal ist eine super Möglichkeit, im Internet schnell und ohne viel Aufwand zu bezahlen. Du kannst deine Payback-Kreditkarte bei PayPal hinterlegen und sammelst dann Payback-Punkte auf alle Käufe, die du mit PayPal begleichst. Bei jedem Euro, den du ausgibst – Punkte sammeln und sparen ist so einfach. Wir empfehlen dir wirklich, jetzt dein Zahlungsverhalten auf die Kreditkarte umzustellen. Lass dein Bargeld im Portemonnaie. Für alle weiteren Infos nutze den QR-Code. Da kannst du deine neue Geheimwaffe in der Tasche auch gleich beantragen.

Auf der Couch: Punkte kostenlos sammeln

Mit der Teilnahme an Umfragen Punkte und Meilen zu sammeln, ist eine super Methode, kostenlos dein Konto zu füllen. Und das funktioniert auch bei Payback. Der Umfragebereich nennt sich Payback Panel.

Wenn du Glück hast, flattert irgendwann eine Einladung für das Payback Online Panel in deinen Posteingang. Mit dem Online Panel kannst du an Umfragen teilnehmen und wirst dafür mit Payback-Punkten belohnt. Im Jahr bekommst du einige Male die Möglichkeit, an einer Umfrage zu deinem Kaufverhalten mitzumachen. Wenn du die Teilnahmekriterien erfüllst, kannst du so in unter zehn Minuten 50 bis 200 Payback-Punkte sammeln – je nach Länge der Befragung. Manchmal haben aber schon ausreichend andere Panel-Teilnehmende mit ähnlichen demografischen Daten wie du mitgemacht. Dann erhältst du nur 5 Trostpünktchen. Bei anderen Panels gibt es da schon etwas mehr.

Die Teilnahme an dem Programm kann nur nach Einladung durch Payback erfolgen. Nach einigen Nachforschungen im Internet sind wir auf die folgenden Zahlen gestoßen. Das Panel hatte 2015 zwischen 115.000 und 125.000 Teilnehmende. Zugegeben, diese Zahlen sind nicht besonders aktuell oder genau, aber vermutlich dürfte sich an dem geringen prozentualen Anteil an der Gesamtzahl aller Payback-Teilnehmenden – immerhin sind es Stand Januar 2021 mehr als 31 Millionen in Deutschland – nicht viel geändert haben.

Eine intensive Payback-Nutzung könnte eine Voraussetzung für eine Einladung sein, allerdings kennen wir einige aus unserem Freundeskreis, die eine Einladung bekommen haben, bevor sie mit dem Punktesammeln richtig gestartet haben. Eine gehörige Portion Glück gehört also dazu.

Payback-Punkte beim Einkauf gratis sammeln

Du kannst beim Einkaufen regelmäßig Payback-Punkte gratis sammeln. Du musst das Geld zwar erst einmal vorstrecken, bekommst es kurz danach aber wieder zurück. Das lohnt sich insbesondere dann, wenn du einen attraktiven Coupon für Mehrfach- oder Extra-Punkte vorliegen hast.

Das kostenlose Sammeln von Punkten funktioniert bei wechselnden Produkten, aber der ein oder andere Fang ist eigentlich bei fast jedem Einkauf dabei. Besonders bei dm und in Supermärkten gibt es viele solcher Aktionen. Waschmittel, Tierfutter, Milchprodukte, Kaffee oder Kosmetik – es gibt eigentlich (fast) nichts, was du nicht gratis bepunktet bekommst.

Es ist eine häufig angewendete Marketingstrategie, Kundschaft mit Gratisproben oder Geld-zurück-Garantien zu locken. Denn ein Produkt für sich selbst sprechen zu lassen, erweckt ein hohes Maß an Vertrauen bei den Konsumierenden. Schließlich funktioniert diese Strategie nur dann, wenn das Produkt einen auch überzeugen kann. Auch wenn du es vielleicht noch gar nicht mitbekommen hast, werden Gratis-Produkttests jederzeit angeboten. Kaufst du ein solches Produkt, musst du einfach nur den Nachweis darüber aufbewahren, und du kannst den Kaufpreis dafür komplett zurückbekommen.

Es gibt verschiedene Websites, die dir zeigen, welche Produkte du gerade wo kostenlos einkaufen kannst. Eine davon ist beispielsweise Sparwelt.de, aber wenn es besonders interessante Aktionen gibt, findest du sie auch auf unserer Internetseite. Auf Sparwelt.de findest du eine umfangreiche Liste mit aktuell gültigen Geld-zurück-Aktionen. Das Dumme ist hier allerdings, dass du nur eine Auswahl von Produkten siehst, aber meist nicht, wo diese verkauft werden. Bei manchen Produkten kann das etwas schwierig sein. Gibt es das ausgeschriebene Pringles-Produkt beispielsweise nur bei EDEKA oder auch bei Netto?

Bei manchen Produkten ist es allerdings auch ganz einfach, beispielsweise bei Listerine und anderen Körperpflege- oder

Reinigungsprodukten, die es normalerweise bei dm gibt. Da eine Flasche Listerine bis zu 4 Euro kostet, könntest du so beispielsweise mit einem 15-fach-Coupon 30 Punkte absolut kostenlos sammeln. Wenn du mit deiner Payback-Kreditkarte zahlst, gibt es noch 4 Pünktchen mehr. Wohlgemerkt gratis, da du den Kaufpreis ja zurückbekommst.

Es gibt Aktionen, die dir bis zu 75 Euro Cashback und mehrere hundert kostenlose Payback-Punkte einbringen. Ein bisschen Zeit musst du jedoch investieren. Mehr dazu erfährst du, wenn wir dich in die Welt von Cashback einführen.

Theoretisch: Unendlich viele Punkte sammeln – kostenfrei

Wusstest du, dass du Payback ganz einfach an jemanden aus deinem Freundeskreis weiterempfehlen kannst? Und pro erfolgreicher Freundschaftswerbung gibt es direkt 200 Punkte auf dein Konto.

Interessant ist das vor allem, weil die von dir Geworbenen lediglich einen einzigen Payback-Punkt innerhalb von drei Monaten sammeln müssen. Und das ist ja auf jeden Fall machbar. Danach dauert es noch etwa sechs Wochen, bis die Punkte auf deinem Konto gutgeschrieben werden. Reich wirst du so zwar nicht, aber du kannst immerhin einige tausend Punkte absolut kostenlos sammeln. Theoretisch kannst du sogar unendlich viele Punkte sammeln. Das einzige Hindernis: Es gibt in Deutschland schon rund 31 Millionen Payback-Teilnehmende.

Um jemanden für Payback zu werben, besuche einfach die Seite payback.de/freundewerben Hier musst du dann nur die Kontaktdaten und die E-Mail-Adresse der Person eintragen, die du werben möchtest.

Eine andere Möglichkeit ist die Payback Spielewelt. Für alle, die gerne am Smartphone spielen. Aber Achtung: Suchtgefahr.

Punkte sammeln und Geld vom Staat zurückbekommen

Jede Woche gibt es Produkte, die mit mehrfachen Punkten vergütet werden, sogar bis zu 50-fach. Egal ob Obst, Reinigungsmittel oder Tiernahrung. Wenn du verschiedene Coupons, zum Beispiel auf den gesamten Einkauf, damit kombinierst, kann sich die Ausbeute richtig lohnen.

Aber was machst du, wenn es gerade für Bio-Gemüse so richtig viele Punkte gibt, der Kühlschrank aber gut gefüllt ist? Oder du hast die Chance auf 50-fach-Punkte auf Tierfutter, aber zu Hause weder Katze noch Hund? Die Punkte einfach liegen lassen? Nein.

Stattdessen kannst du Payback-Punkte sammeln und Geld vom Staat zurückbekommen. Hört sich vielleicht komisch an, aber es ist sehr einfach. Und obendrein sehr sinnvoll. Mit drei einfachen Schritten kannst du dir und anderen Menschen auf diese Weise etwas Gutes tun. Grundsätzlich kannst du mit Sachspenden alle Organisationen und Vereine mit Gemeinnützigkeitsstatus unterstützen. Genau das machst du.

Kauf einfach so viel ein, wie du spenden möchtest. Bewahre den Kassenbon oder die Rechnung gut auf und bringe deine Sachspende zu einer Tafel in deiner Nähe oder ins Tierheim. Dort wird dir auf Wunsch eine Quittung über die Sachspende ausgestellt, und diese kannst du dann von der Steuer absetzen. Du bekommst so im Rahmen deiner Steuererklärung einen Teil deiner Ausgaben vom Staat zurückerstattet. So hast du etwas Gutes getan und obendrein jede Menge Payback-Punkte gesammelt.

Jährlich darfst du maximal 20 Prozent der eigenen Einkünfte spenden, um die Spenden steuerlich absetzen zu können. Denk daran, dass du die Gemeinnützigkeit des Empfängers nachweisen musst.

Punkte dort sammeln, wo es (eigentlich) nicht geht

Payback hat zwar viele Partner, aber bei einigen von ihnen ist das Sammeln nur online möglich und nicht im Ladengeschäft. Manchmal kommst du gar nicht darauf, dass es Punkte geben könnte. Zum Beispiel bei Spotify oder Netflix oder wenn du dir ein Zugticket für die Deutsche Bahn kaufst. Aber mit einem kleinen Trick kannst du auch dort Punkte sammeln, wo es eigentlich nicht möglich ist.

Das Zauberwort heißt Geschenkkarte. Wenn du viele Punkte sammeln möchtest, um möglichst schnell ein prall gefülltes Konto zu haben, dann ist es von erheblicher Bedeutung, wie du zahlst. Mit dem Einsatz von Geschenkkarten und Gutscheinkarten im Bezahlvorgang kannst du viel mehr Punkte sammeln.

Das heißt, du kannst dir Gutscheine für zahlreiche Anbieter kaufen und später mit diesen Gutscheinen in den jeweiligen Geschäften oder Online-Stores zahlen. Im Normalfall bekommst du nur die Basispunkte auf die Geschenkkarten, aber mehrfach im Jahr gibt es Aktionen, bei denen du 10-fach-Punkte oder eine sehr große Menge von Extra-Punkten abstauben kannst.

Wenn es Promotions gibt, solltest du am besten gleich am Montag in deinem Markt auf der Matte stehen. Oft sind die interessantesten Geschenkkarten ganz schnell vergriffen. Es lohnt sich also, fix zu sein und in dieser Woche nicht bis zum Samstag zu warten, wenn die Aktion endet.

Genauso bekommst du Payback-Punkte bei Stores und Dienstleistern, bei denen du normalerweise nicht punkten kannst. Die Punkte werden nach dem Kauf der Karte gleich deinem Payback-Konto gutgeschrieben. Wenn du mit den Geschenkkarten Punkte bei Payback-Partnern sammeln möchtest, geht das natürlich auch. Diese Karten sind ja wie Bargeld. Extra- und Mehrfachcoupons kannst du bei den jeweiligen Payback-Partnern noch zusätzlich einsetzen.

Wir selbst sind große Fans der Deutsche Bahn-Geschenkkarte im Wert von 30 Euro, mit der wir fast immer unsere Zugfahrten bezahlen. Zu den beliebtesten Geschenkkarten gehören Apple und Google Play, H&M, Spotify, Netflix und Zalando. Ganz besonders interessant sind auch die Wunschgutscheinkarten, die du in mehr als 500 Stores einlösen kannst. Gute Nachricht: Mit den Geschenkkarten kannst du auch bei Amazon zahlen und Punkte sammeln.

Die Punkteausbeute kannst du zusätzlich optimieren, wenn du die Geschenkkarte mit einer punkte- oder meilenfähigen Kreditkarte bezahlst. Denn dann bekommst du noch einmal bis zu 1 Punkt oder 1 Meile pro ausgegebenem Euro – je nach Kreditkarte.

Payback-Punkte sind nicht gutgeschrieben – was tun?

Es ist ein großes Ärgernis, kommt aber leider immer wieder vor: Deine Payback-Punkte werden dir nicht gutgeschrieben. Nun musst du dich darum kümmern, sie nachträglich gutgeschrieben zu bekommen. Doch das ist teilweise gar nicht so einfach.

Leider passiert es immer wieder, dass man bei einer lukrativen Payback-Aktion mitmacht und dann vergeblich auf seine Punkte wartet. Da manche Punkte erst nach vier bis sechs Wochen gutgeschrieben werden, ist es natürlich am schlimmsten, wenn dir die fehlenden Punkte gar nicht auffallen. Deshalb lohnt es sich, wenn du dich bei Käufen mit hoher Punkteausbeute gut vorbereitest.

Wir machen im Bestellvorgang einen Screenshot, bewahren unsere Bestellbestätigung auf und notieren Bestell- und/oder Kundennummer. Wichtig ist auch, dir zu notieren, welche Extra-Punkte oder Vielfach-Punkte es bei dem Einkauf gab. All diese Angaben brauchst du nämlich, wenn du deine Punkte einfordern möchtest. Das solltest du in jedem Fall tun.

Es gibt verschiedene Wege, mit Payback in Kontakt zu treten. Wir bevorzugen den, den Payback nicht bevorzugt.

Um den direkten Kontakt zu Payback herzustellen, kannst du online das Payback-Kontaktformular benutzen. Wir finden, es ist sehr aufwendig und vor allem nicht komfortabel. Du bekommst weder eine Kopie deiner E-Mail noch eine Vorgangsnummer. Wenn du trotz der Meldung »Ihre Anfrage wurde erfolgreich gesendet. Wir werden uns so schnell wie möglich bei Ihnen melden« einfach keine Antwort bekommst, dann musst du alle Daten noch einmal eingeben. Wenn du fehlende Punkte reklamieren möchtest, wählst du im Betreff ***Keine Punkte erhalten*** (oder ***Punktestorno***) aus und klickst auf ***Weiter***. Danach musst du auswählen, ob du stationär, online oder in der App eingekauft hast und um welchen Laden es sich gehandelt hat. Danach wirst du nach genaueren Informationen gefragt, wie Tag des Einkaufs, Menge der fehlenden Punkte, ob du einen Coupon eingesetzt hast und mehr. Um im Fall der Fälle vorbereitet zu sein, empfiehlt es sich bei größeren Anschaffungen, immer Screenshots zu machen.

Leider ist der Kundenservice von Payback hier wirklich unter aller Kanone. Wenn du alle Informationen eingetragen und das Kontaktformular gesendet hast, wird sich Payback früher oder später bei dir melden. Wenn dein Problem direkt behoben wird, hast du Glück gehabt. Wenn nicht, wird es allerdings wirklich frustrierend. Denn du kannst auf die Antwort von Payback nicht antworten, sondern musst, wie gesagt, erneut ein Kontaktformular ausfüllen. Wenn es Diskussionsbedarf um deine fehlenden Punkte gibt, musst du dich darauf einstellen, mehrere dieser Formulare auszufüllen. Wundere dich auch nicht, wenn du einen oder zwei Tage, nachdem du dein Formular abgeschickt hast, eine E-Mail bekommst, in der du noch einmal genau nach den gleichen Angaben gefragt wirst, die du bereits mitgeteilt hast.

Du solltest also besser immer Screenshots von deiner Rechnung und unbedingt auch vom jeweils aktivierten Coupon vorliegen haben. Es passiert tatsächlich manchmal, dass Payback einfach behauptet, dass der von dir eingelöste Coupon zu diesem Zeitpunkt nicht mehr gültig gewesen sei oder ihn gar nicht erst finden kann. Und so ein Coupon kann den Unterschied zwischen 500 oder 10.000 Punkten ausmachen. Es lohnt sich also, einen kurzen Moment zu investieren und für den Worst Case vorbereitet zu sein. Es gibt zwar einen Bereich *Eingelöste Coupons* auf der Payback-Website, allerdings werden die Coupons dort nicht für immer gespeichert.

Was bei uns bis jetzt immer noch am besten funktioniert hat, ist der Anruf beim Payback-Kundenservice. Old school, aber in den meisten Fällen effektiv. Auch die Wartezeit ist meist recht kurz. Den Kundenservice erreichst du in der Zeit zwischen 8 und 20 Uhr unter +49 089 540 20 80 20. Im Callcenter wird dir meist zügig und unbürokratisch geholfen. Insbesondere, wenn der Fall etwas komplexer erscheint, greifen wir zum Telefon. Spart Zeit und vermeidet unnötigen Frust beim wiederholten Ausfüllen des Kontaktformulars.

Denk bitte daran, dass du insgesamt nur sechs Monate Zeit hast, um fehlende Punkte zu reklamieren. Das hört sich erst einmal nach einem langen Zeitraum an, ist es aber manchmal gar nicht. In dieser Zeit kann es leicht passieren, dass eine wertvolle Transaktion sogar in Vergessenheit gerät.

Nach Ablauf von sechs Monaten tendiert die Chance auf eine nachträgliche Gutschrift gegen null.

Das Schreckgespenst, das keines ist: der Punkteverfall

Für einige fleißige Punktesammelnde ist ein Datum schweißtreibend: der 30. September. Uns lässt dieses Datum genauso kalt wie der Weltspartag. Es geht um den Punkteverfall.

Ab dem Zeitpunkt der Gutschrift auf deinem Konto sind deine Payback-Punkte drei Jahre gültig. Nach Ablauf dieser Zeit verfallen sie. Der nächste Punkteverfall ist immer zum 30. September des Jahres. Die Punkte, die ihre Gültigkeit verlieren, werden vom Konto storniert. Sie sind dann unwiederbringlich futsch. Einer der wenigen Momente, in denen wir im Prämienshop einkaufen gehen würden.

Wenn bei dir Punkte vom Verfall bedroht sind, wirst du darüber rechtzeitig in deinem Konto informiert. Rechtzeitig heißt ein ganzes Jahr vorher, und du wirst dies in deiner Punktepost, die du nach Hause bekommst, online oder in der App sehen. Übersehen kannst du es gar nicht.

Uns ist dieser Verfall völlig egal. Wir haben die dauerhaft kostenlose Payback-American-Express-Kreditkarte in unserem Portemonnaie, und solange wir die haben, verfallen unsere Punkte überhaupt nicht. Sie sind unbegrenzt gültig. Wenn du auch relaxt durchs Punkte-Leben schreiten möchtest, solltest du dir diese Karte ebenfalls holen.

Selbst wenn du keine Payback-Kreditkarte dein Eigen nennst, kannst du die Gültigkeit deiner gesammelten Punkte auf bis zu sechs Jahre verlängern. Das klappt aber nur, wenn du sie zu Prämienmeilen bei Miles & More umwandelst. Ab dem Moment, wo deine Punkte zu Meilen geworden sind, sind sie wiederum drei Jahre gültig.

So holst du das Beste aus Payback heraus

Kombinieren und Optimieren ist unser Motto. Wir haben es bereits erwähnt. Entweder bekommst du 0,5 % des Geldwertes in Punkten zurück oder sogar ein Vielfaches davon.

Denke bitte auch immer daran, das Kleingedruckte auf den Coupons zu lesen. Bei Coupons, die in der Drogerie oder im Supermarkt zum Beispiel ein bestimmtes Produkt bewerben, gibt es nämlich manchmal noch einige Bonuspunkte mehr, wenn du zwei statt nur eines der Produkte kaufst.

Dass du also ab jetzt immer die Übersicht bewahren solltest, ist dir klar, aber was ist mit Optimieren gemeint? Ganz einfach: Um das Maximum an möglichen Punkten herauszuholen, und genau das willst du ja, solltest du genau wissen, wann du wo einkaufen musst.

Ein Beispiel: Es ist Ende Februar und du gehst bei dm einkaufen. Du weißt, dass es momentan keine Coupons gibt, deswegen brauchst du auch keine Sorge zu haben, Punkte zu verpassen. Aber es ist eben an der Zeit, ein paar neue Bürstenköpfe für die elektrische Zahnbürste zu kaufen. Die sind teuer, aber wenn du sie im großen Paket kaufst, sparst du immerhin. Du bezahlst dann zwar vielleicht 40 Euro auf einen Schlag, bist aber dafür für das Jahr erst einmal versorgt. Dazu kommen noch Zahnpasta, Reinigungsmittel fürs Bad und ein paar Gelegenheitskäufe. Am Ende kommst du auf immerhin 50 Euro, die du an der Kasse brav mit Payback Pay zahlst, wo du gerade mit den 7-fachen Punkten belohnt wirst. Zuhause angekommen checkst du deine Payback-App, um zu sehen, ob du endlich deine ersten 10.000 Punkte geknackt hast. Und dabei fällt dir auf, dass es zwar heute keinen Coupon gab, aber eine Woche später genau die, die du gut hättest gebrauchen können. Leider kommst du aber nur auf 10 Euro bei deinem nächsten Einkauf, denn du hast ja eigentlich alles, was du brauchst, gerade erst eingekauft.

Hier kommt die richtige Planung ins Spiel: Hättest du gewusst, dass ab nächster Woche eine punktebringende Aktion läuft, hättest du ganz anders einkaufen können. Es ist eben nicht nur wichtig, die richtigen Dinge am richtigen Ort zu kaufen, sondern auch zum richtigen Zeitpunkt. Klar wird es immer wieder spontane Käufe geben und ganz sicher ist es gesund und auch lecker, einiges frisch zu kaufen, aber den Großteil deiner Einkäufe kannst du problemlos ein- oder zweimal im Monat oder sogar nur einmal im Jahr erledigen – und dabei so richtig schön dein Punktekonto füllen. Es geht dabei übrigens nicht darum, krampfhaft zu versuchen, den Einkaufswagen mit möglichst teuren Produkten zu füllen. Vielmehr solltest du das, was du wirklich brauchst, einfach clever und gut geplant einkaufen.

Um bei dem Beispiel mit den Zahnbürstenköpfen zu bleiben: Du hättest einfach noch eine Woche warten und dann sogar möglicherweise gleich zwei Pakete kaufen können. Du weißt, du brauchst im Jahr eine bestimmte Menge von den Bürstenköpfen. Du weißt, es gibt regelmäßig attraktive Bonuscoupons. Verbinde diese Erkenntnis und vervielfache deine Punkte.

Genau das macht den Unterschied zu hunderten oder gar tausenden Punkten auf deinem Konto aus. Schau noch einmal, wie viele Punkte du mehr sammeln kannst, wenn du diese Tipps befolgst.

Payback-Punkte einlösen

Du hast also mittlerweile ein paar Punkte gesammelt. Im besten Fall schon einige Zigtausend. Was machst du jetzt damit? Genau das Gleiche wie alle anderen auch: ausgeben.

Dafür hast du unterschiedliche Möglichkeiten, unterschiedlich sinnvoll und attraktiv. Dein Payback-Punkt ist bei der Auszahlung

1 Cent wert. Du kannst diesen Wert aber bis um das 11-Fache erhöhen, wenn du die Punkte so einsetzt, wie wir es selbst machen.

Du kannst mit deinen Punkten im Prämienstore von Payback einkaufen. Du kannst sie in Einkaufsgutscheine tauschen. Du kannst sie dir als Geld auf dein Konto überweisen lassen oder spenden.

Beim Prämienshop fällt uns ein Wort ein: Pfannen. Pfannen oder andere Haushaltsprodukte aus dem Payback-Prämienshop zu kaufen, ist sicherlich eine Möglichkeit, deine fleißig gesammelten Punkte im wahrsten Sinne des Wortes zu verbraten.

Du merkst: Diese Möglichkeit favorisieren wir nicht. Wenn du dir die Mühe eines Preisvergleichs machst, bekommst du die Produkte meist woanders zum gleichen Preis oder sogar noch günstiger. Eine Ausnahme bilden die Sales. Hier kannst du wie bei jedem anderen Ausverkauf Schnäppchen machen. Und denk daran: Wenn du Punkte im Prämienshop einsetzt, dann versuche dies mit einem passenden Coupon zu verbinden. Denn auch Payback selbst bewirbt seinen Shop. Der Vollständigkeit halber sei gesagt: Jede Verwendung von Punkten im Prämienshop ist natürlich besser, als sie verfallen zu lassen.

Wenn du mindestens 200 Punkte auf der hohen Kante hast, kannst du sie beim nächsten Einkauf bei einem der Payback-Partner einlösen. Das kannst du meist direkt an der Kasse machen.

An der Kasse kannst du dann deine Punkte als Währung einsetzen, entweder mit der Karte oder mit der App. Du kannst jeden Betrag wählen, der durch einen Cent teilbar ist. Am Terminal erhältst du einen Wertgutschein ausgedruckt, den du beim gleichen Einkauf oder auch später einsetzen kannst. Wir sind zwar keine großen Freunde dieser Einlöseform, aber wenn du sie nutzen möchtest, dann tausche Punkte gegen Einkaufsgutscheine bei Aktionen ein. Die gibt es mehrmals pro Jahr. Du bekommst dann einen Kickback auf deinen Punktetausch. Wenn du zum Beispiel 1.000 Punkte einlöst und dafür einen Gutschein über 10 Euro für den Einkauf bekommst, erhältst du Punkte zurückerstattet. So landen 100, 200 oder mehr Punkte gleich wieder auf deinem Konto, und du hast eine Verzinsung in Höhe von 10 %, 20 % oder mehr bekommen, von der du auf dem Sparkonto seit Jahren träumst.

Du kannst auch sammeln und Gutes tun. Den Gegenwert deiner Punkte kannst du an zahlreiche Organisationen spenden. Regional, national oder auch international steht dir eine große Bandbreite von Initiativen zur Verfügung: von der Obdachlosenhilfe über das Kinder- und Jugendwerk *Die Arche* bis zu *One Earth*, einer Organisation, die Plastikmüll aus den Meeren fischt.

Punkte zu Cash machen

Vielleicht weißt du noch gar nicht, dass du dir deine Payback-Punkte auch als echtes Geld auszahlen lassen kannst. Payback überweist auf dein Konto und du kannst damit alles machen, was du willst. Diese Funktion ist recht unbekannt, da Payback sie im Internet ziemlich gut versteckt. Weil das Unternehmen kein Fan dieser Art der Punkteverwendung ist, wirst du erst einmal durch ein Popup abgelenkt, wenn du endlich die Seite gefunden hast.

5 % Rabatt für deine Bestellung im Prämienshop mit dem Prämiengutschein BesseralsCash sichern!, lautet das Angebot, das Payback dir dann macht. Wenn du trotzdem lieber frei entscheiden und Cash aufs Konto haben möchtest, dann lass dich davon nicht ablenken.

Wie immer geht's mit 200 Punkten los. Die bringen dir dann 2 Euro auf deinem Kontostand.

Die Auszahlung deiner Punkte klappt nur mit einer SEPA-Überweisung auf ein Girokonto. Finanzdienstleister wie TradeRepublic, PayPal oder auch TransferWise sind genauso ausgeschlossen wie Nicht-SEPA-Konten, Geschäftskonten, Depot- oder Wertpapierkonten.

Wenn du die richtige Seite gefunden hast, dann ist alles schnell erledigt. Zuerst loggst du dich in deinen Account ein. Dann gibst du die gewünschte Menge an Payback-Punkten ein und klickst auf *Weiter*. Anschließend musst du deine Kontonummer bzw. IBAN eingeben. Schau nochmal drüber, ob alles richtig ist, und dann bestätige. Das Geld kommt innerhalb weniger Tage auf deinem Konto an. Bei niemandem, den wir kennen, hat es länger als fünf Tage gedauert.

Mit Payback-Punkten Luxus genießen

Du kannst deine Payback-Punkte aber auch wie wir ganz anders einsetzen und dabei nicht nur 1 Cent pro Punkt für dich herausholen, sondern ein Vielfaches davon. Das machen wir erfolgreich seit Jahren und erlösen pro Punkt so einen Gegenwert von bis zu 11 Cent – 1.100 % mehr im Vergleich zum Ausgangsbetrag von 1 Cent.

Zum Glück ist das ganz einfach. Wer schon einmal durch mehrere Länder gereist ist, dem mag eines aufgefallen sein: Je öfter du Geld umtauschst, desto weniger hast du am Ende übrig. Angenommen, du startest mit 100 Euro und wechselst diese in US-Dollar. In Deutschland konntest du dir mit 100 Euro genau 100 Stücke Kuchen kaufen. In Amerika bekommst du, natürlich immer abhängig vom aktuellen Wechselkurs, für dein Geld nun, sagen wir, 118 Dollar. Auf den ersten Blick wirkt das wie eine wunderbare Geldvermehrung. Aber in Amerika sind leckere Backwaren Mangelware, weswegen du plötzlich nur noch 50 Stücke Kuchen bekommst.

Diese Kuchenknappheit zwingt dich, deine Urlaubspläne zu überdenken und die Grenze nach Mexiko zu überqueren. Aus deinen 118 US-Dollar werden dann 2.220 mexikanische Peso. Und die Kuchen dort sind nicht nur köstlich, sondern auch noch praktisch umsonst! Du bekommst sage und schreibe 250 Stücke Kuchen für dein Geld! Mit dieser kleinen Geschichte wollen wir verdeutlichen: Dein Geld wird zu keinem Zeitpunkt mehr, in der Realität würde es bei jedem Mal Umwechseln sogar weniger werden. Und trotzdem bekommst du plötzlich in Mexiko viel mehr Kuchen für dein Geld.

Was lässt sich daraus schließen? Dass der relative Wert des Geldes von Land zu Land stark schwanken kann. Du kannst aus 100 Euro nämlich entweder 50 Stücke Kuchen machen oder eben 250 Stück. Und genau das Gleiche lässt sich auf deine im wahrsten Sinne wunderbaren Payback-Punkte anwenden.

Die Kuchen sind dabei deine gewünschten Prämien, die unterschiedlichen Länder die Punkte-Transferpartner und die Payback-Punkte sind das Geld. Es gilt also, das Land zu finden, das die köstlichsten Kuchen anbietet und das möglichst billig.

Die Lösung dieser Aufgabe heißt Miles & More. Denn glücklicherweise ist Miles & More ein Transferpartner von Payback. Dort kannst du deine Punkte im Verhältnis 1:1 in Prämienmeilen umwandeln und dann damit die begehrten Kuchen, äh, wir meinen natürlich Prämienflüge und Upgrades kaufen.

Jetzt ist nur noch die Frage zu klären, ob deine Punkte dadurch an Wert verlieren oder gewinnen. Das lässt sich leicht überprüfen: Bei Miles & More werden Prämienflüge in unterschiedlichen Preiskategorien angeboten.

Momentan reicht es zu wissen, wie viel diese Angebote kosten. Da sich das Ganze natürlich auch nach der Länge der Flugstrecke richtet, nehmen wir als Beispiel einen Hin- und Rückflug von Berlin nach Los Angeles. Der kostet in der Business Class normalerweise 105.000 Meilen und in der First Class 170.000 Meilen. Mithilfe von Meilenschnäppchen kannst du einen Business-Class-Flug allerdings schon für 55.000 Meilen buchen. Jetzt musst du nur noch vergleichen, was du für 55.000 Punkte im Payback-Prämienshop abstauben könntest und was im Vergleich der Business-Class-Flug wert ist.

Eine JBL Partybox 310 bekommst du im Prämienshop für 57.900 Punkte. Teilt man jetzt den tatsächlichen Kaufpreis durch die Anzahl an Punkten, die man dafür bezahlen muss, ermittelt man den Wert eines einzelnen Punktes. Je höher der liegt, desto besser ist das natürlich. Die Box kostet, online erworben, etwa 500 Euro, wodurch ein Payback-Punkt hier nur den Wert von etwas weniger als 0,86 Cent hat. Da würde es sich für dich schon lohnen, dir die Punkte auszahlen zu lassen. Für ungefähr die gleiche Anzahl an Punkten bekommen wir auch einen Meilenschnäppchen Business-Class-Flug mit der Lufthansa von Deutschland nach New York und zurück. Die Preise schwanken natürlich, deine Ersparnis wird sich aber bestimmt auf etwa 2.500 Euro belaufen. Das bedeutet, dass jeder Punkt einen Wert von über 4,5 Cent besitzt, was ziemlich genau dem Fünffachen eines Payback-Punktes im Prämienshop entspricht.

Oder um es noch attraktiver klingen zu lassen: Durch die Umwandlung der Payback-Punkte in Miles & More-Meilen mit einem

Meilenschnäppchen als Verwendungszweck hat sich der Wert eines Punktes auf rund 450 % seines Ausgangswertes gesteigert!

Es geht sogar noch besser, denn wenn du mit der Zeit richtig gut im Punktesammeln geworden bist, werden für dich auch Flugprämien in der First Class interessant. Die Preise für Tickets können sich in Regionen um 9.000 Euro bewegen. Wenn du deine Meilen dafür einsetzt, ist dein ursprünglicher Payback-Punkt plötzlich bis zu 11 Cent wert. Du siehst, wie nützlich diese Umwandlungsfunktion für dich und dein Punktekonto ist.

Um deine Payback-Punkte umzuwandeln, brauchst du übrigens auch hier wieder ein Minimum von 200 Punkten.

Mach bei der Umwandlung nicht den Fehler, das automatische Meilen-Abo zu aktivieren, denn dann geht dir möglicherweise ein erheblicher Bonus durch die Lappen.

Und das kann sich richtig lohnen. Es gibt zweimal im Jahr Sonderaktionen, bei denen ein Bonus von 25 % ausgeschüttet wird. Im besten Fall machst du so aus einem Punkt 1,25 Cent (statt 1 Cent), die du dann noch auf einen Wert von bis zu 11 Cent für teure Tickets steigern kannst.

Ab in die Business oder die First Class – das schaffst du easy!

Wow, denkst du vielleicht gerade und siehst dich mit einem Glas Champagner in der Hand das Leben über den Wolken genießen. Dann macht sich Zweifel breit. Schaffst du das wirklich? Ist das nicht doch sehr kompliziert? Nein, das ist es nicht. Es gibt mehr als 40 stationäre Partner und fast 700 Onlineshops, in denen du

Payback-Punkte sammeln kannst. Du bist ständig von ihnen umgeben, du musst sie nur kennen.

Wie einfach es ist, mit Payback-Punkten in der Luxusklasse im Flugzeug zu sitzen, hat Ulf-Gunnar für dich in unserem Selbstversuch getestet. Mach es einfach nach. Du wirst es lieben.

Mit Payback-Punkten First Class fliegen

Es ist ganz schön windig. Besser gesagt: Über weiten Teilen von Deutschland tobt ein Orkan. Zahlreiche Züge fahren nicht. Viele Flüge werden gestrichen. An den Schaltern des Frankfurter Lufthansa-Terminals bilden sich lange Schlangen. Die Lounges sind rappelvoll, und in der Luft liegt diese angespannte Nervosität mit einem Tick genervter Aggressivität, die Airports immer dann erfüllt, wenn es alles andere als reibungslos zugeht.

Ich setze mich an meinen gedeckten Tisch, nippe an meinem Glas Voss-Wasser und kann mich nicht entscheiden, ob ich als Vorspeise lieber die Tom-Kha-Gai-Suppe oder das Kürbis-Carpaccio genießen soll. Was passt besser zum gegrillten Atlantiklachs, den ich dem Filet vom Rind vorgezogen habe? Ich sitze in der First-Class-Lounge der Lufthansa, und während im Trubel der Gänge und Warteschlangen das ein oder andere gereizte Wort fällt, bin ich gebettet in eine Oase der Ruhe. Nur ein älterer Herr bedient sich am opulenten Buffet, und mir fällt ein, dass ich gern noch den toskanischen Risonisalat probieren möchte, als mir die Loungehostess mitteilt, sie kümmere sich darum, dass ich auf dem nächstmöglichen Flug nach Tegel einen Platz bekomme. Sie sagt das mit einer solchen Gelassenheit, dass ich nicht eine Minute lang daran zweifle. Hektik? Stress? Überall, aber nicht hier.

Vor etwa einer Stunde bin ich aus Los Angeles gelandet. Fit. Entspannt. Die meiste Zeit des Fluges habe ich geschlafen. In einem gemütlichen, geräumigen Bett. In meinem neuen, dezent grauen Van-Laack-Schlafanzug, den mir die freundliche Flugbegleiterin etwa 12.000 Meter über dem Atlantischen Ozean gegeben hat. Das Ticket hat 7.939 Euro gekostet. Aber nicht für mich. Ich habe nur rund 600 Euro bezahlt. Aber der Reihe nach ...

Als ich mir am 1. Januar überlege, was ich in diesem Jahr mit Punkten und Meilen erreichen möchte, muss ich daran denken, wie mich immer wieder viele Leute völlig ungläubig angucken, wenn ich ihnen sage, dass auch sie einmal pro Jahr einen Business-Class-Flug in die USA nehmen könnten, anstatt ihren wohlverdienten Urlaub mit wenigen Zentimetern Sitzabstand eingequetscht in der Holzklasse zu starten. Und das ohne im alltäglichen Leben mehr Geld auszugeben. Einfach nur, indem sie ihr Einkaufsverhalten optimieren. Ich ernte ungläubiges Kopfschütteln, wenn ich in meinem Freundeskreis davon erzähle, dass ich gerade für einige hundert Euro in der ersten Klasse der Lufthansa von Los Angeles nach Berlin geflogen bin. Den Rest habe ich praktisch mit Payback-Punkten bezahlt.

Mit Payback-Punkten First Class fliegen – das hört sich vielleicht verrückt an, ist es aber nicht. Es gibt unzählig viele Möglichkeiten, Payback-Punkte im alltäglichen Leben zu generieren. Für mich ist das ein gelernter Prozess, und ich rate jedem, es mir gleichzutun. Es macht nämlich unheimlich viel mehr Spaß, ein wenig Luxus zu genießen, als seine clever gesammelten Punkte für Bratpfannen oder Pantoffeln auszugeben. (Dabei muss ich zugeben, dass auch ich in Prämienshops einkaufen würde – aber nur in den seltenen

Fällen, in denen sonst meine wertvollen Punkte oder Meilen zu verfallen drohen.)

Da ich nun weiß, dass jeder Mensch – auch du – jedes Jahr mindestens einmal in einem Business-Class-Sitz Platz nehmen könnte, um das Leben über den Wolken einige Stunden in vollen Zügen zu genießen, habe ich mich entschlossen, zu beweisen, dass das auch eine Klasse besser geht. Ich will mit Payback-Punkten First Class fliegen!

Damit wir uns richtig verstehen: Ich rede von einem First-Class-Flug der Lufthansa zwischen Los Angeles und Berlin, und zwar oneway. Einmal richtig Luxus im Jahr. Ein Flug, der rund 6.300 Euro kostet. Nicht mehr, aber eben auch meist nicht wirklich weniger.

Wenn ich ihn bei der Lufthansa als Prämienflug buche, dann werden 91.000 Miles & More-Meilen von meinem Konto abgesaugt. Nun muss ich also innerhalb der nächsten zwölf Monate 91.000 Miles & More-Meilen zusammenbekommen. Will ich das mithilfe innerdeutscher Flüge schaffen, müsste ich einige hundertmal im günstigsten Tarif hin- und zurückfliegen. Kein guter Deal.

Wenn mein Ziel zu erreichen also mit Lufthansa-Flügen – zumal die meisten von uns hauptsächlich innerdeutsch unterwegs sind – ein fast aussichtsloses Projekt zu sein scheint, muss es eine andere Lösung geben. Und die gibt es tatsächlich. Nicht nur für mich, sondern auch für dich.

Du hast diese Lösung in der Hand, sie umgibt dich in deiner Nachbarschaft, du hast sie in deinem Portemonnaie. Sie hat vier abgerundete Ecken, und einige haben sie nur noch digital in ihrem Smartphone. Die Lösung ist, genau, (d)eine Payback-Karte.

Wenn du noch nicht zu den 31 Millionen Deutschen gehörst, die ein Payback-Konto haben, dann registriere dich erst, bevor du weiterliest. Denn ich bin ehrlich: Wenn du einmal im Jahr First Class oder mindestens Business Class fliegen willst, zählt ab jetzt jeder Tag, jeder noch so kleine Einkauf.

Ich habe mich in den ersten Januartagen allerdings noch nicht auf das Sammeln neuer Punkte konzentriert. Mein erster relevanter Einkauf ist eine Flugbuchung mit Expedia Mitte Januar. Dafür gibt es 100 Punkte. Nun denn, es fehlen noch 90.900 Punkte. Aber ich habe ja auch noch über elf Monate Zeit ...

Heute ist der 2. April. Mein Selbstversuch läuft seit drei Monaten. Ich bin gut im Plan. Mein Kontostand zeigt 20.528 Punkte an. Damit habe ich nach drei Monaten schon fast die Hälfte eines Hin-und-Rückflug-Tickets in der Business Class mit den Lufthansa-Meilenschnäppchen beisammen.

Du fragst dich, wie ich in der kurzen Zeit schon 20.528 Punkte habe sammeln können? Ganz einfach: Ich habe alle Payback-Promotions optimal genutzt, die sich mir angeboten haben. Dabei habe ich auch zwei größere Anschaffungen getätigt, auf die ich einige Zeit gewartet (und gespart) hatte. Das ist wirklich ein wichtiger Punkt beim Optimieren deines Einkaufsverhaltens: Du solltest anfangen, es zu planen. Ich kenne kaum jemanden, der ganz spontan einen neuen Laptop, ein Handy oder eine Kamera kauft. Am besten wartest du mit größeren Anschaffungen, bis es die passende Promotion dafür gibt. Dafür solltest du immer mindestens 10-fach-Punkte im Blick haben. Du kannst dir sicher sein, dass es diese Promotions bei vielen Payback-Partnern mehrmals im Jahr gibt.

Meine Einkaufsliste liest sich eigentlich ganz normal, mit dem Unterschied, dass ich nur mit Coupons einkaufe. So erhalte ich nicht nur einen Punkt für 2 Euro, sondern ein Vielfaches davon:

Alnatura vergibt 75 Punkte für einen Einkauf, im Supermarkt gibts 10-fach-Punkte, 20-fach bei dm und bei Burda Direct erhielt ich für ein Hörzu-Jahresabo mit Coupon 11.060 Punkte.

Du kannst aus der Liste oben ersehen, dass ich mit dem Hörzu-Jahresabo einen Kauf getätigt habe, der nicht unbedingt nötig war. Mit dem Abo habe ich allerdings meinen Eltern eine Freude machen können, denn es ist ihr Geschenk zum Mutter- und Vatertag. Ein weiterer wichtiger Hinweis, um dein Einkaufsverhalten zu optimieren: Erstelle dir eine Liste mit Geschenken, die du für deine Liebsten aus dem Freundes- und Familienkreis kaufen möchtest. Kaufe sie nicht im Stress erst ein paar Tage vorher, sondern ganz entspannt dann, wenn es sich für dein Punktekonto lohnt.

Es ist Anfang August. Die ersten sieben Monate des Jahres sind an mir vorbeigerast, und es ist Zeit, eine erste Bilanz meines Selbstversuchs zu ziehen. Habe ich wirklich eine Chance, nur mit Payback-Punkten in der First Class der Lufthansa zu fliegen? Was muss ich die nächsten fünf Monate tun, um mein Ziel wirklich zu erreichen?

Die gute Nachricht spare ich mir nicht bis zum Schluss auf: Ich bin super im Plan. Auf meinem Konto befinden sich 60.505 Punkte. Wenn ich mir einfach nur das Ziel gesetzt hätte, Business Class zu fliegen, hätte ich jetzt schon einen Hin- und Rückflug nach Los Angeles in der Tasche. Aber ich möchte in die 1. Klasse. Da fehlen nun noch 30.495 Punkte. Nicht mehr, aber auch nicht weniger.

Die erste Topnachricht erreichte mich schon Anfang April: Große Freude, als 24.662 Punkte auf einmal nachträglich gutgeschrieben wurden. Wow, die Teilnahme an einer Promotion mit 12-fach-Punkten bei hat mich ordentlich vorangebracht.

Ich habe zwei Turbos genutzt, die ich auch dir ans Herz legen möchte. Der erste heißt Payback Pay und bringt dir oft Bonuspunkte ein, indem du mit der App auf deinem Handy deinen Einkauf zahlst und den Betrag von deinem Konto abbuchen lässt. Welche Payback-Partner bei dieser Möglichkeit schon mit im Boot sind, hast du schon oben erfahren. Turbo Nummer 2 sind Abos, die du zum Beispiel bei Burda Direct abschließen kannst und für die es immer wieder große Mengen an Punkten zu einem sehr attraktiven Preis gibt. Wenn du jedoch meist in deiner Stadt unterwegs bist und ein normales Einkaufsverhalten an den Tag legst, brauchst du ganz sicher keine Abos, um ausreichend Punkte für unser hehres Ziel auf dein Konto zu bekommen.

Es ist Mitte Dezember, die Uhr tickt. Die ersten Weihnachtsgeschenke habe ich schon gekauft. Jetzt fehlen mir nur noch ein paar Tausend Punkte bis zum Ziel. Ich habe Glück, denn im Dezember vergibt Miles & More einen großzügigen Bonus von 25 %, wenn ich meine Payback-Punkte umwandle. Eine schöne Bescherung, die mir die Sicherheit gibt, dass es nur noch wenige Tage dauern wird, bis ich die Schwelle von 91.000 Punkten erreicht habe.

Mein Konto gibt mir darüber Auskunft, dass ich nicht oft einkaufen war: Nur vierzehnmal war ich in einem Supermarkt, zehnmal in der Drogerie und achtmal online shoppen. Zu gern würde ich wetten, wie hoch mein Payback-Kontostand heute wäre, wenn ich mindestens einmal in der Woche einen Einkauf machen würde. Meinen Freifahrtschein in die 1. Klasse hätte ich bestimmt schon im Frühherbst in der Tasche gehabt oder noch eher ... Ich bin gespannt, mit wie vielen Punkten ich heute nach Hause komme.

Der erste Halt ist der Biomarkt. Bei Alnatura kaufe ich Lebkuchen, die im Angebot sind, und zwei Sorten Raumspray. 34,84 Euro steht auf dem Kassenbon, und ich gehe mit 17 Punkten nach Hause. Denkst du! Da ich mit der App gezahlt habe, erhalte ich aber zusätzlich doppelte Punkte. Außerdem gibt es für meine Bezahlung mit Payback Pay noch 50 Bonuspunkte, und obendrein habe ich einen Coupon genutzt, der mir für meinen heutigen Einkauf 100 Bonuspunkte gebracht hat. Übrigens selbst dann, wenn ich im Vorbeigehen nur einen Müsliriegel gekauft hätte ... Taschenrechner angeschmissen: 17 + 34 + 50 + 100 = 201 Punkte anstatt läppischer 17.

Gleich nebenan ist ein dm-Markt. Hier gibt es einen Punkt für 2 Euro auf dem Kassenzettel. Für 23 Euro kaufe ich ein, doch auf meinem Konto landen nicht 23, sondern 245 Punkte! Mit Coupons erhöhe ich die Gutschrift um ein Vielfaches. Für zwei Flaschen Spülmittel werden mir 25-mal so viele Punkte wie normal gutgeschrieben, und wieder bezahle ich mit Payback Pay und freue mich über die Verdoppelung meiner Punkte. Letzte Station: der Supermarkt auf der anderen Straßenseite.

Ich gucke mir vor jedem Einkauf noch einmal alle eCoupons an und achte auf die zusätzlichen Aktionen im Markt. Wenn für mich die richtigen Waren dabei sind, kaufe ich sie. In den Einkaufswagen wandert nichts, was ich nicht brauche – das sollte auch deine Devise bleiben. Du optimierst deine Einkäufe, aber gibst auf keinen Fall sinnlos Geld aus. Der Dreifach-Coupon auf den gesamten Einkauf ist ein Bonus, aber alles andere als ein richtiger Turbo. Ich bin gespannt, wie viele Punkte auf meinem Kassenbon stehen, wenn ich 20 Minuten später wieder auf der Straße im nasskalten Dezemberwetter bibbere und mich auf den nächsten Beach-Trip freue. Ich habe 35,17 Euro bezahlt. Kein üppiger Einkauf. Im Eingangsbereich stolpere ich über 30-fach-Punkte auf Haferflocken und -milch, die ich lecker finde. Fünf Pakete wandern in den Wagen, macht 116 Bonuspunkte. Für eine Packung Tiefkühlgemüse winken jeweils 30 Punkte, zwei kaufe ich. Kurz vor dem Fest gibt es 10-fache Punkte auf Wein und Sekt. Zwei Flaschen erhöhen die Ausbeute um 27 Punkte. Duschgel und Deo werden verzehnfacht, und die Rechnung zahle ich mit der App. 306 Punkte nehme ich aus dem Supermarkt mit.

Summa summarum bin ich 752 Punkte näher an meinem First-Class-Ticket. Wenn ich weder mit der App gezahlt noch die eCoupons aktiviert und optimiert eingesetzt hätte, wären auf meinem Konto 695 Punkte weniger. Vergiss das nie: Es ist nicht unbedingt ausschlaggebend, wie viel du ausgibst – über deinen Erfolg entscheidet allein das Wie und Wann.

Du erinnerst dich an den Orkan und den Schlafanzug vom Anfang des Kapitels? Ich muss aufhören zu schreiben: Gerade kommt die freundliche Hostess an meinen Tisch, an dem ich mir noch einen warmen Apfelstrudel und einen Cappuccino gegönnt habe. »Sie können gleich an Bord gehen, Herr Switalski, wir haben noch einen Platz für Sie auf der nächsten Maschine bekommen. Ich würde mich freuen, Sie bald wieder bei uns in der Lounge begrüßen zu können!«, sagt sie und verabschiedet mich mit einem Lächeln. Bestimmt. Ganz bestimmt sogar.

So sammelst du in jedem Jahr mindestens 60.000 Payback-Punkte*

- Barzahlungen vermeiden. Stattdessen mit der kostenlosen Payback-American-Express-Kreditkarte oder Payback Pay zahlen. Je nachdem, wo es gerade mehr Punkte gibt.
- Kleine Einkäufe vermeiden und deine Einkäufe in der Woche und im Monat bündeln.
- Nie ohne Coupons einkaufen gehen. Einfach zweimal pro Woche alle Coupons online oder in der App aktivieren.
- Bei hohen Couponwerten Preise vergleichen. Ist der Preis okay, kannst du nicht verderbliche Waren auf Vorrat kaufen.
- Omas Einkaufsliste wieder einführen: Notiere Geburtstage, wem du Weihnachtsgeschenke machst und plane Großanschaffungen. Kaufe zum richtigen Preis, wenn es maximale Punkte gibt.
- Nutze Gutschein- und Geschenkkarten als Zahlungsmittel. Kaufe diese, wenn es einen Vielfachcoupon gibt, und punkte so, wo es eigentlich gar nicht möglich ist. Zum Beispiel bei Amazon oder Rossmann.
- Nimm gratis Punkte immer mit und versäume nicht, an den Gewinnspielen teilzunehmen.

---

* Wenn du im Jahresdurchschnitt wöchentlich mindestens 50 Euro im Supermarkt und/oder der Drogerie ausgibst.

Fliegen

Ab in die First Class

Miles & More

Manchmal ist es wie beim Zupfen von Blütenblättern: Wir lieben sie, wir lieben sie nicht … die Lufthansa. Unsere große deutsche Airline. Die zweitgrößte Fluggesellschaft Europas. Sie genießt weltweit noch immer einen hervorragenden Ruf.

Ein First-Class-Flug zum Beispiel in die USA kann oneway bis zu 9.000 Euro kosten – ein Preis, der geradezu absurd erscheint, wenn man bedenkt, dass es Hin- und Rückflüge bereits ab rund 300 Euro gibt. Aber ein Rolls-Royce wird schließlich auch nicht für den Preis eines Toyota Aygo angeboten. Selbst wenn wir Millionen besitzen würden, würden wir wahrscheinlich nicht 9.000 Euro für diesen, zugegeben sehr luxuriösen, Spaß ausgeben. Denn mit Programmen wie Payback & Co. lässt sich auch in der Luft ordentlich sparen – bei einem solchen Oneway-First-Class-Flug sogar bis zu 90 %!

Das Zauberwort heißt Meilen. In diesem Fall von Miles & More, dem Bonusprogramm der Lufthansa, das es bereits seit mehr als 25 Jahren gibt. Hierbei werden Prämien- und Statusmeilen unterschieden. Beim Fliegen sammeln wir also zwei Arten von Meilen, was für einige immer wieder verwirrend ist – deshalb erklären wir es hier noch einmal ausführlich.

Mit rund 20 Millionen Teilnehmenden ist Miles & More das größte Bonusprogramm in Europa. Die Wahrscheinlichkeit ist also hoch, dass du bereits eine Miles & More-Karte hast – zumindest die blaue. Und wenn nicht, wird es höchste Zeit, dir eine zu besorgen, denn an Miles & More kommst du in Deutschland kaum vorbei – selbst wenn du bisher kaum oder gar nicht geflogen bist.

Vielleicht weißt du schon, dass du deine Payback-Punkte im Verhältnis 1:1 in Miles & More-Prämienmeilen tauschen kannst – und manchmal gibt es zusätzlich sogar noch einen Bonus von 25 %. Aber das ist nur der Anfang, es gibt viele weitere Möglichkeiten, Prämienmeilen zu sammeln. Heutzutage lassen sich Meilen oft einfacher am Boden als in der Luft sammeln. Neben dem Traumziel eines First-Class-Fluges sind besonders die sogenannten Meilenschnäppchen interessant. Dabei handelt es sich um deutlich reduzierte Prämientickets, die du mit Meilen statt mit Geld bezahlen kannst. Doch bevor wir weiter ins Detail gehen, ist es wichtig, dass du den Unterschied zwischen Prämienmeilen und Statusmeilen verstehst.

Was sind Prämienmeilen?

Prämienmeilen sammelst du nicht nur beim Fliegen, sondern auch durch Einkäufe im Miles & More-Shop, Abonnements der richtigen Zeitschriften, die Nutzung einer Miles & More-Kreditkarte und vieles mehr. Auch wenn du deine Payback-Punkte in Miles & More-Meilen umwandelst, erhältst du dafür Prämienmeilen.

Prämienmeilen funktionieren im Grunde wie Geld – du kannst sie für bestimmte Produkte oder Dienstleistungen ausgeben. Ähnlich wie bei Payback gibt es auch bei Miles & More einen Prämienshop, in dem du Hunderte Produkte mit Meilen kaufen kannst. Prämienmeilen haben bei Miles & More eine Gültigkeit von 36 Monaten, bevor sie verfallen. Dieser Verfall kann jedoch wie bei Payback gestoppt werden – ganz einfach durch die Nutzung einer Miles & More-Kreditkarte.

Beim Fliegen sammelst du Prämienmeilen abhängig vom Preis deines Tickets. Der Ticketpreis wird mit einem bestimmten Faktor (zwischen 4 und 6, abhängig von der Fluggesellschaft und deinem Status) multipliziert. Allerdings dauert das Sammeln von Prämienmeilen durch Flüge oft zu lange, vor allem, wenn du nicht regelmäßig teure Tarife buchst. Schneller und kostengünstiger kannst du Meilen sammeln, wenn du unsere Tipps und Tricks anwendest.

Statusmeilen sind jetzt Status Points

Miles & More hat eine bedeutende Änderung in seinem Vielfliegerprogramm vorgenommen: Die Qualifizierung für einen Status ist immer in einem Kalenderjahr möglich. Die jeweilige Gültigkeit beginnt sofort, wenn du deinen neuen Status erreicht hast, und endet im Februar des übernächsten Jahres.

Statusmeilen wurden in Points und Qualifying Points umgewandelt. Diese Änderung ist besonders für Vielfliegende relevant, die regelmäßig mit der Lufthansa und ihren Partner-Airlines fliegen. Im Gegensatz zu Prämienmeilen, die für Prämienflüge und andere

Belohnungen genutzt werden können, dienen Statuspunkte ausschließlich dazu, den Vielfliegerstatus zu bestimmen und entsprechende Vorteile freizuschalten.

Im neuen Statusprogramm von Miles & More sammelst du für deine Flüge jetzt Points, Qualifying Points und HON Circle Points – statt der bisherigen Status- und HON-Circle-Meilen. Wie viele Points du jeweils bekommst, hängt nur noch von zwei Dingen ab: deiner Reiseklasse und ob du innerhalb eines Kontinents oder interkontinental unterwegs bist.

Damit wird das Sammeln einfacher und transparenter – und du kannst auf einen Blick sehen, wie viele Points, Qualifying Points oder HON Circle Points dir dein Flug auf dem Weg zum Status bringt.

Points gibt's für Flüge mit der Lufthansa Group, den Miles & More Airline-Partnern und Star Alliance Airlines.

Qualifying Points und HON Circle Points sammelst du auf Flügen mit der Lufthansa Group und den Miles & More-Airline-Partnern. Wichtig: HON Circle Points gibt's nur für Business und First-Class-Flüge.

Die Lufthansa Group umfasst eine Vielzahl von Fluggesellschaften, bei denen du Qualifying Points sammeln kannst. Dazu gehören Lufthansa, die größte Airline der Gruppe mit einem umfangreichen Streckennetz weltweit; SWISS, die nationale Fluggesellschaft der Schweiz, bekannt für ihren exzellenten Service; Austrian Airlines, die wichtigste Fluggesellschaft Österreichs mit vielfältigen Verbindungen; Brussels Airlines, die führende Fluggesellschaft Belgiens, die zahlreiche europäische und internationale Ziele bedient; Eurowings, eine Low-Cost-Airline der Lufthansa Group, die vor allem innerhalb Europas fliegt; Eurowings Discover, fokussiert auf Langstreckenflüge, insbesondere zu Urlaubszielen; sowie Edelweiss

Air, eine Schweizer Ferienfluggesellschaft, die sich auf Flüge zu Urlaubsdestinationen weltweit spezialisiert hat. Auch ITA gehört bald dazu. Außerdem gibt es sie bei den Miles & More Airline-Partnern Croatia Airways, LOT und LUXAIR.

Miles & More bietet drei Statuslevel, die jeweils unterschiedliche Vorteile mit sich bringen. Um den Frequent-Traveller-Status zu erreichen, benötigst du innerhalb eines Kalenderjahres 650 Points, davon mindestens 325 Qualifying Points. Dieser Status bietet Vorteile wie bevorzugten Check-in, zusätzliches Freigepäck und Zugang zu Business Lounges. Der Senator-Status erfordert innerhalb eines Kalenderjahres 2.000 Points, davon mindestens 1.000 qualifizierende Punkte. Neben allen Vorteilen des Frequent Traveller erhältst du als Senator Zugang zu den etwas exklusiveren Senator Lounges und eine höhere Gutschrift von Prämienmeilen. Der höchste Status, HON Circle Member, erfordert 6.000 HON Circle Points in einem Kalenderjahr.

HON Circle Members genießen die umfassendsten Vorteile, einschließlich luxuriöser Services und Zugang zu First-Class-Lounges, die das Reisen noch angenehmer gestalten.

Wenn dich das Thema Vielfliegerstatus und die neuen Statuspunkte bei Miles & More interessiert, kannst du auf upgradeguru.de viele weitere Informationen und detaillierte Anleitungen finden.

Los geht's: Meilen ohne Ende

Insgesamt 55.000 Meilen benötigst du beispielsweise für eines der erwähnten Meilenschnäppchen in der Business Class in die USA. Das mag jetzt viel klingen, ist jedoch schneller geschafft, als du vielleicht denkst. Immer wieder gibt es Aktionen, bei denen großzügig Meilen verschenkt werden. So kannst du beispielsweise bis zu 35.000 Meilen für die Beantragung der passenden Kreditkarte erhalten und Prämienmeilen kostenlos durch Umfragen, Gewinnspiele, beim Tanken, Einkaufen und unzählige weitere Möglichkeiten sammeln. Also nicht mehr warten, einfach starten.

Bevor du mit dem Meilensammeln loslegen kannst, musst du dich natürlich erst einmal anmelden. Die Registrierung ist kostenlos und ganz einfach unter miles-and-more.com möglich. Nachdem du dich registriert hast, empfehlen wir dir, auch gleich den kostenfreien Newsletter zu bestellen – allein dafür erhältst du zur Begrüßung 500 Prämienmeilen auf dein Konto. Ein perfekter Start!

Da das Smartphone mittlerweile ein unverzichtbares Multifunktionstool ist und immer mehr Menschen über mobile Geräte auf Inhalte zugreifen, solltest du dir auch gleich die Miles & More-App auf dein Handy laden. Bereits für deinen ersten Login wirst du wieder belohnt: Du bekommst weitere 500 Meilen auf dein Konto. So hast du nach wenigen Minuten bereits 1.000 kostenlose Meilen gesammelt.

Mit der App hast du deine Miles & More-Karte immer digital dabei und kannst jederzeit deinen Meilenstand, alle Transaktionen, deinen Statusfortschritt und die verbleibenden Meilen für das nächste Statuslevel einsehen. Zusätzlich bietet die App exklusive Funktionen, die sehr praktisch sein können. Dazu gehören:

Kontoübersicht: Unter dem Reiter *Konto* findest du alle wichtigen Informationen rund um deinen Miles & More-Account – wie viele Prämien- und Statusmeilen du gesammelt hast, an welchen Aktionen du teilgenommen hast, die Anzahl deiner Flugsegmente, wie lange du noch auf deine Wunschprämie hin sparen musst und wann deine nächsten Meilen verfallen.

Mileage Pooling: Mit der sogenannten Mileage Pooling-Funktion können insgesamt sieben Personen (fünf Erwachsene und zwei Kinder) gemeinsam auf ein einziges Konto Meilen sammeln. Die Meilen aller Teilnehmenden werden auf einem Konto zusammengeführt und können von allen gleichberechtigt genutzt werden.

Nachbuchung von Meilen: Eine besonders praktische Möglichkeit in der App ist das Nachtragen von Meilen für Flüge, die nicht automatisch gutgeschrieben wurden. Alles, was du dafür tun musst, ist, dein Flugticket mit deinem Smartphone zu fotografieren – und das war's auch schon! Kein lästiges Eintragen von Flugnummern, Airlines, Abflughafen, Zielflughafen, Reiseklasse und so weiter. Diese Funktion findest du unter *Mehr* und dann *Meilengutschrift*.

Der Meilenrechner: Der Meilenrechner, den es früher auf der Lufthansa-Website gab, ist mittlerweile vollständig in die Miles & More-App integriert. Auch wenn es zunächst nervig erscheint, dass er von der Website entfernt wurde, bietet der Meilenrechner in der App weiterhin die Möglichkeit herauszufinden, wie viele Prämien- und Statusmeilen dir für einen bestimmten Flug gutgeschrieben werden. Allerdings benötigt man für die Nutzung des Meilenrechners viele Informationen, die oft erst nach der Buchung verfügbar sind. Für die Berechnung benötigst du folgende Angaben: den Startflughafen, die Flugnummer (das kann lästig sein), das Reisedatum, die Fluggesellschaft und die Buchungsklasse. Wenn du auch den Ticketpreis berechnen möchtest, brauchst du zusätzlich Informationen wie den Aussteller des Tickets, das Ausstellungsdatum, die Währung, den Ticketpreis und den internationalen Zuschlag.

Mit Miles & More kannst du nicht nur Meilen sammeln, sondern auch deinen Traum von einem First-Class-Flug verwirklichen – und das, ohne das Konto allzu stark zu belasten.

Wie kommst du an die Meilen?

Wenn du dir Luxusflüge gönnen und dabei bis zu 90 % sparen möchtest, sind Meilen ab heute deine neue Zweitwährung. Klar, dass du noch mit Euro zahlst, aber du wirst dich schnell daran gewöhnen, auch immer in Prämienmeilen zu rechnen.

Da wir es dir besonders einfach machen möchten, konzentrierst du dich als Anfänger erst einmal auf Miles & More, das Programm von Lufthansa.

Miles & More-Meilen bekommst du natürlich beim Fliegen, und zwar nicht nur, wenn du in einer Lufthansa-Maschine sitzt, sondern bei vielen anderen Partnerfluggesellschaften. Leider lohnt sich das Sammeln beim Fliegen eigentlich nur noch mit den teuren Tickets. Willst du möglichst günstig fliegen, gibt es zwar viele Angebote, aber du bekommst dafür nur wenig Meilen auf dein Konto. Doch das ist gar nicht so schlimm, denn wahrscheinlich wusstest du bisher nicht, dass du Miles & More-Meilen auch sammeln kannst, wenn du mit einem Kreuzfahrtschiff über die Meere gleitest oder zum Skifahren mit der Bergbahn auf die Höhen der Kitzbüheler Alpen trudelst.

Prämienmeilen, die dich Schritt für Schritt zu deinem Luxusflug bringen, gibt es an jeder Ecke, eigentlich fast überall. Am schönsten sind sie, wenn du sie ganz umsonst bekommst, zum Beispiel gleich 500, wenn du den Lufthansa-Newsletter bestellst. Eine gute Möglichkeit sind auch die vielen Gewinnspiele und Aktionen der Miles & More-App. Immer mitmachen.

Wenn du deine Flüge planst, dann achte darauf, ob du Bonusaktionen nutzen kannst. Dann erhältst du oft viel mehr Meilen. Es gab schon doppelte Meilen einfach dafür, dass man in einem A380 der Lufthansa Platz genommen hat und nicht mit einem anderen Flugzeug geflogen ist.

Neben den Möglichkeiten, die dir Payback bietet, hat Miles & More auch viele andere, meist Onlineshopping-Partner, die dir mindestens eine Meile pro Euro gutschreiben. Oftmals aber auch mehr. Die Liste ist lang. Warum sich vor dem Kauf eines Produkts der Vergleich zwischen Payback und Miles & More-Onlineshopping unbedingt lohnt, erfährst du später.

Du willst Möbel aus Schweden, die neuesten Songs streamen, brauchst einen neuen Telefonvertrag oder einen Anzug für die Hochzeit deines besten Freundes oder hast keine Lust, noch länger auf das neue iPhone zu warten? Freu dich doppelt, denn ab sofort bekommst du noch Meilen obendrauf. Selbst Fans vom FC Bayern, die im Fanshop kaufen, werden mit Meilen belohnt.

Deine Freude kannst du übrigens noch vervielfachen, wenn du dir ab sofort genau überlegst, wie du zahlst. Lass dein Bargeld im Portemonnaie und stell auf das Bezahlen auf die richtige Kreditkarte um. Die Unternehmen bieten dir als Neukunde meist nicht nur attraktive Bonusmeilen, sondern dein Meilenkonto wächst außerdem mit jeder klitzekleinen Ausgabe im alltäglichen Leben. Jeden Tag.

Apropos Geld. Meilen gibt es auch, wenn du Festgeld anlegst, ein neues Girokonto eröffnest oder einen Hausbau finanzierst. Für Hotelübernachtungen bekommst du Prämienmeilen und auch für die Buchung über ein Onlineportal wie HRS. Übrigens: Wenn du im

Hotel übernachtet hast, kannst du anderen auch erzählen, wie es dir gefallen hat. Deine Meinung ist bei HolidayCheck wieder einige Meilen wert.

Das Motto könnte auch sein: »Wer hat noch nicht, wer will noch mal?«, denn die Möglichkeiten des Meilensammelns sind schier unerschöpflich. Du leihst dir einen Mietwagen? Du bekommst Meilen aufs Konto. Du fährst mit dem Taxi? Du bekommst Meilen aufs Konto. Du abonnierst eine Zeitung? Du bekommst Meilen aufs Konto. Selbst für die Stadtführung bei deinem nächsten Wochenendtrip gibt's die begehrten Dinger.

Ab sofort wirst du unzählige Gelegenheiten haben, dein Meilenkonto zu füllen, und sollten dir für ein ganz besonderes Ziel – zum Beispiel deinen Jungfernflug in der 1. Klasse – noch Meilen fehlen, dann kaufe dir noch ein paar dazu. Das geht zwar nicht bei Miles & More direkt, dafür aber über den Abschluss von Abonnements für Zeitungen und Zeitschriften.

Kurzum: Keine Meile kriegen gibt's nicht mehr.

Meilen sammeln im Flug

Mittlerweile gibt es viele Wege, um an Miles & More-Prämienmeilen zu kommen, doch angefangen hat natürlich alles mit dem Sammeln von Meilen auf Lufthansa-Flügen. Doch wusstest du, dass du, um Meilen sammeln zu können, nicht mal mit der Lufthansa fliegen musst? Und eines können wir dir schon vorweg verraten: Mit günstigen Flügen lassen sich heutzutage eigentlich kaum noch Meilen sammeln. Bei teuren Business- und First-Class-Tickets sieht das anders aus.

Wir sagen bewusst ***heutzutage***, weil das in der (näheren) Vergangenheit durchaus anders war. Obwohl es schon lange her ist, dass sich das Meilensammeln auf Lufthansa-Flügen gelohnt hat, ist es seit März 2018 so richtig unattraktiv geworden. Denn da wurde die Vergabe von Prämienmeilen an deinen Ticketumsatz gekoppelt.

Im Endeffekt bekommst du beim Fliegen umso mehr Meilen, je teurer dein Ticket ist. Das heißt im Klartext: Wenn du günstig fliegst, bekommst du auch nur sehr wenig Meilen. Für einen Flug im günstigsten Lufthansa-Tarif von Berlin nach Frankfurt bekommst du etwa 56 Meilen – oder noch weniger. Damit lässt sich natürlich nicht wirklich viel anfangen. Um so die 55.000 Meilen für dein Business-Ticket in die USA zusammenzubekommen, müsstest du ja 982-mal diese Strecke fliegen!

Meilen sammeln am Boden

Warum Miles & More für dich trotzdem interessant ist? Weil du hier eine Vielzahl an Möglichkeiten geboten bekommst, jenseits der Fliegerei Meilen zu sammeln. Und das nicht nur, weil du Payback-Punkte in Miles & More-Meilen umwandeln kannst. Meilen sammeln ist nämlich fast überall möglich.

Besonders interessant für dich ist das Miles & More-Onlineshopping. Schaue dafür auf der Miles & More-Website unter dem Reiter *Meilen sammeln* und dann unter *Shopping*. Nun hast du die Wahl aus über 250 Onlineshops, in denen du einkaufen und gleichzeitig Meilen sammeln kannst. Zum Ersten jeden Monats starten bestimmte Läden Aktionen, bei denen du bis zu 15 Meilen pro Euro sammeln kannst. Um Meilen sammeln zu können, musst du den jeweiligen Shop unbedingt über die Website von Miles & More anklicken und vorher deine Miles & More-Servicekartennummer angeben. Außerdem gibt es noch eine Auswahl an Shops, bei denen du noch mehr Meilen bekommst, wenn du mit einer Miles & More-Kreditkarte bezahlst.

Anders als beispielsweise bei Payback gilt beim Miles & More-Shopping übrigens, dass du immer 1 Meile pro Euro bekommst. Bei Payback bekommst du oft 1 Punkt (= 1 Meile) für 2 Euro. Daher lohnt es sich in jedem Fall, vor dem Online-Einkauf Payback und Miles & More genau zu vergleichen, wenn dein Ziel ein Luxus-Flugticket zum Schnäppchenpreis oder ein Artikel aus dem Miles & More-Prämienshop ist. Wenn du etwas anderes damit machen möchtest, dann lohnt sich Miles & More-Shopping für dich nicht.

Wenn ein Shop 10-fache Miles & More-Meilen anbietet, dann muss es bei Payback schon einen 20-fach-Coupon geben, damit er gleichwertig ist. Sollte es also eine kurzfristige Coupon-Aktion auf Payback geben, zum Beispiel 10-fach Punkte beim Elektronikkauf, lass dich nicht unter Druck setzen. Wenn es bei Miles & More den gesamten Monat über mindestens 5-fache Meilen beim gleichen Anbieter gibt, kannst du dir für deinen Einkauf Zeit lassen.

Nicht vergessen: Zahle bei deinem Online-Einkauf immer mit einer punkte- oder meilenfähigen Kreditkarte. Wenn du dir die Payback-American-Express-Kreditkarte schon geholt hast, solltest du trotzdem noch einen intensiven Blick auf die Miles & More Gold Credit Card werfen.

Für uns als Ausgefuchste in Sachen Punkte- und Meilensammeln gehören beide Karten in Deutschland zur Grundausstattung.

Der Meilenturbo: Die Miles & More Gold Credit Card

Um eine Lufthansa-Miles & More-Kreditkarte kommst du in Deutschland nicht herum, wenn du schnell und optimiert Meilen sammeln möchtest. Denn mit der Karte stoppst du den Meilenverfall. Ohne an irgendeinen Mindestumsatz gekoppelt, verfallen deine Meilen so lange nicht, wie du die Karte besitzt.

Außerdem sammelst du mit der Karte, die übrigens eine Mastercard ist, bei jedem Einkauf Meilen. Die Karte ist zwar nicht wie die Payback-Karte kostenlos, aber sie kommt, wenn du sie erfolgreich beantragst, oft mit einem hohen Willkommensbonus. Bis zu 35.000 Prämienmeilen gab es dafür schon.

Im Sommer 2025 wechselt die herausgebende Bank. Die Miles & More Credit Card wird dann nicht mehr von der DKB, sondern von der Deutschen Bank herausgegeben. Damit einher kommen sicher zahlreiche Änderungen, die aber noch nicht bekannt sind. Auf upgradeguru.de erfährst du selbstverständlich immer alle aktuellen Änderungen.

Bargeld holen und Meilen kassieren

Zwar predigen wir immer, jede mögliche Zahlung mit einer Kreditkarte oder mobilem Zahlungsmittel zu tätigen, aber manchmal brauchen auch wir etwas Bargeld in der Tasche.

Bargeld an der Kasse im Supermarkt abzuheben, ist eine clevere Möglichkeit, um dein Miles & More-Konto zu füllen. In den rund

1.940 Filialen von Aldi Süd kannst du nämlich nicht nur mit deiner EC-Karte, sondern auch mit deiner Miles & More Credit Card Geld abheben. Dies ist möglich ab einem Einkaufswert von 10 Euro. Bis zu 200 Euro Bargeld kannst du so komplett ohne Kosten abheben, wenn du den Einkauf mit der Miles & More Mastercard zahlst. Der Betrag wird von der Kreditkarte abgebucht und zählt bei den Kreditkartenunternehmen nicht als Bargeldabhebung, sondern als normaler Umsatz.

Meilen sammeln, wo es gar nicht geht oder du es nicht denkst

Wie du weißt, ist das Meilensammeln nicht in allen Shops möglich, und das ist manchmal ärgerlich, wenn es um große Anschaffungen geht oder deine neuen Lieblingsschuhe genau in dem Shop verfügbar sind, der eben kein Miles & More-Partner ist. Oder wenn du dir zum Beispiel neue Bücher kaufen willst, die durch die Buchpreisbindung in Deutschland aber von Rabatten und dadurch auch vom Meilensammeln ausgeschlossen sind.

Bevor du jetzt beispielsweise bei Thalia Bücher kaufen gehst, kannst du dir einfach vorher einen Geschenkgutschein holen. Der Gutschein ist ein Zahlungsmittel und mit diesem Trick bekommst du trotzdem Meilen. Denn den Gutschein kaufst du über Miles & More bei Cadooz. Für den Kauf wirst du mit bis zu 10-fachen Meilen belohnt. Wenn du ihn mit deiner Kreditkarte zahlst, gibt's noch mehr Meilen. Die Gutscheine sind meist sowohl online als auch im stationären Handel einsetzbar und leicht zu Hause auszudrucken. So eröffnet sich dir die Möglichkeit, auch bei Zalando, Rossmann, Starbucks oder Foot Locker im Laden Meilen zu sammeln. Du hast die Wahl zwischen den Beträgen 5, 10, 20 oder 50 Euro. Du kannst dir also für einen kleinen Einkauf einen Gutschein holen oder, wenn es um eine größere Anschaffung geht, auch entsprechend mehr.

Darunter haben wir praktischerweise auch Foot Locker entdeckt. Einer von uns brauchte im letzten Jahr nämlich dringend neue Laufschuhe und die Wahl fiel auf einen 120-Euro-Schuh. Da mussten wir an Cadooz denken. Statt ins Geschäft zu gehen und nur 60 oder 120 Meilen durch das Bezahlen mit unserer Kreditkarte zu sammeln, haben wir uns einen Gutschein geholt. Durch die damalige 10-fach-Promotion gab es beim Kauf jede Menge Meilen extra. Für 120 Euro Gutscheinwert sprangen so 1.200 Meilen für unser Miles & More-Konto heraus. Plus 60 oder 120 Meilen für das Bezahlen mit der Karte. So haben wir mit dem Gutschein von Cadooz und der Zahlung mit der Kreditkarte statt 60 Meilen 1.320 Meilen sammeln können.

Jeden Monat wechseln die Meilenwerte, die du bei Cadooz für den Gutscheinkauf bekommst. Wenn es eine 10-fache Aktion gibt, empfehlen wir dir, gleich mehrere Gutscheine für die Geschäfte zu kaufen, in denen du mit großer Wahrscheinlichkeit im nächsten Jahr einkaufen gehen wirst.

Auch wenn du mal mit dem Taxi unterwegs bist, wirst du belohnt. Mit der Taxi-App Free Now gibt es eine attraktive zusätzliche Option im Alltag, um das Meilenkonto zu füllen. Für jeden Euro Umsatz im Taxi oder beim Uber-Konkurrenten Free Ride gibt es eine Miles & More-Meile. Um die Meilen zu sammeln, hinterlegst du in deinem Free Now-Profil unter *Bezahlen per App* deine Kreditkarte. Und um möglichst viele Miles & More-Meilen zu sammeln, hinterlegst du am besten deine punkte- oder meilenfähige Kreditkarte. So kannst du pro 1 Euro Umsatz deine Meilenausbeute sogar verdoppeln.

Seit vergangenem Jahr erhalten Miles & More-Teilnehmende nur noch auf sogenannten *Business-flagged*-Fahrten Prämienmeilen. Für private Fahrten gilt diese Option zukünftig leider nicht mehr.

Da wir wissen, wie beliebt das Sammeln via Free Now geworden ist, möchten wir dir gerne einen kleinen Insider-Tipp weitergeben: Wenn du in der Free Now-App deine Kreditkarte als *geschäftlich* markierst, sammelst du auch weiterhin Meilen. Wir haben es schon oft ausprobiert und es klappt prima.

Endlich: Deinen Flug buchen

Du hast einige Meilen gesammelt und möchtest nun einen Miles & More-Prämienflug buchen? Miles & More bietet verschiedene Prämientickets an, die du quasi mit Prämienmeilen bezahlen kannst. Dabei kannst du ab Deutschland einen Hin- und Rückflug, eine einfache Strecke (oneway) oder ein Meilenschnäppchen buchen. Prämientickets werden in allen Klassen – Economy, Premium Economy, Business und First Class – angeboten.

Deine gesammelten Meilen kannst du für Prämientickets bei der Lufthansa Group, Star Alliance und weiteren Airlines, mit denen das Programm zusammenarbeitet, einlösen. Zur Lufthansa Group gehören Air Dolomiti, Austrian Airlines, Brussels Airlines, Eurowings und Swiss International Air Lines.

Star Alliance ist der größte Flugverbund der Welt. Zu seinen Mitgliedern gehören: Adria Airways, Aegean Airlines, Air Canada, Air China, Air India, Air New Zealand, All Nippon Airways, Asiana Airlines, Austrian Airlines, Avianca, Avianca Brazil, Brussels Airlines, Copa Airlines, Croatia Airlines, Egypt Air, Ethiopian Airlines, EVA Air und LOT, Lufthansa, SAS Scandinavian Airlines, Shenzhen Airlines, Singapore Airlines, South African Airways, Swiss, TAP Portugal, Thai Airways International, Thai Smile Airways, Turkish Airlines, United Airlines und auch bald die italienische ITA.

Wie viele Meilen du für deinen Prämienflug benötigst, richtet sich nach Strecke und Reiseklasse. Dabei entscheidet nicht die individuelle Strecke allein, sondern in welcher Zone dein Ziel liegt.

Um dir ganz genau anzeigen zu lassen, wie viele Meilen du brauchst, kannst du den Meilenrechner von Miles & More online oder in der App benutzen. Dafür gibst du deinen Abflugort und dein Ziel ein. Danach wird dir berechnet, wie viele Meilen du für einen Flug in der Economy, Premium Economy, Business oder First Class benötigst. Es wird jeweils zwischen einem einfachen Flug und einem Hin- und Rückflug unterschieden.

Wenn du genug Prämienmeilen gesammelt hast und deine nächste Reise bevorsteht, kannst du nun deinen Prämienflug bei Miles & More buchen.

Das geht einfach in der App oder online. Sobald du deinen Abflug- und Zielflughafen angegeben hast, werden dir die günstigsten Flugprämienangebote angezeigt. Online und mobil sind alle Prämienflüge der Star Alliance Airlines buchbar. Natürlich kannst du deinen Prämienflug bei Miles & More auch persönlich über ein Telefonat beim Kundenservice buchen. Im Callcenter kannst du Flugprämien aller Airlines buchen, die auch online buchbar sind. Dazu kommen weitere Airlines, die du ausschließlich im Callcenter buchen kannst: Adria Airways, Air India, All Nippon Airways, Asiana Airlines, Copa Airlines, Eurowings, LATAM, SilkAir und Thai Smile Airways.

Bei den Prämienflügen fallen leider genauso viele Steuern und Gebühren an wie bei normalen Tickets, die du zu deinem Prämienflug dazuzahlen musst. Die Höhe ist abhängig vom Zielort und der Gesetzeslage im Zielort. Bei deinem ausgewählten Flugprämienangebot ist immer angegeben, wie viele Meilen du dafür benötigst und wie viele Steuern und Gebühren zusätzlich anfallen.

Es gibt einige Länder, die eine andere Gesetzeslage haben. Dort kann es sinnvoll sein, Hin- und Rückflug getrennt voneinander zu buchen. Das kann dir bis zu 50 % der Zuzahlung sparen. Länder, in denen die Gesetzgebung die Höhe der Zuschläge auf Flugtickets reguliert, sind Australien, Brasilien, Hongkong, Japan, Neuseeland, die Philippinen und Südkorea. Hier empfiehlt es sich also, Hin- und Rückflug getrennt zu buchen, um möglichst wenig draufzuzahlen.

Wenn du dein Flugprämienticket stornieren möchtest, werden deine Prämienmeilen nach Abschluss auf deinem Meilenkonto wieder gutgeschrieben. Bei reduzierten Flugprämien wie dem Meilenschnäppchen ist eine Meilenerstattung allerdings nicht möglich.

Eine Umbuchung ist nur innerhalb der Ticketgültigkeit möglich. Du kannst zwar das Datum und die Uhrzeit deiner Reise ändern, aber nicht die Strecke. Bei einer Stornierung und Umbuchung wird eine Gebühr von 50 Euro pro Ticket berechnet. Um deine Flugprämie zu stornieren oder umzubuchen, wende dich an das Miles & More-Callcenter.

Auf upgradeguru.de haben wir dir eine Schritt-für-Schritt-Anleitung zusammengestellt.

Was ist eine Miles & More-Meile wert?

Vorneweg gesagt: Wenn du Meilen bei Miles & More sammelst, solltest du sie auch für Flüge einsetzen. Jede andere Einlöseoption lohnt sich für dich einfach nicht. Noch deutlicher gesagt: Wenn du Payback-Punkte sammelst und diese zu Miles & More tauschst und dann nicht für Flüge einsetzt, kannst du auch einfach dein Geld verbrennen.

Wie viel ist eine Miles & More-Meile nun überhaupt wert? Da du Meilen für verschiedene Dinge an verschiedenen Orten ausgeben kannst, hängt die Antwort vom Was, Wie und Wo ab.

Auf der Internetseite von Miles & More findest du verschiedene Angebote, deine Meilen einzulösen. Im Lufthansa WorldShop, bei Hotels & Cars by Miles & More, für WiFi auf deinem nächsten Flug und allerhand mehr. Oder du kannst sie spenden.

Möchtest du über den Wolken surfen, kannst du die 29 Euro Fly-Net-Gebühr auch mit Meilen zahlen. Das kostet dich 9.500 Meilen. Dabei erzielst du einen Gegenwert von 0,3 Cent. Ziemlich mager.

Wenn du einen Blick in den WorldShop wirfst, fallen dir vielleicht zuerst die beliebten Koffer ins Auge. Der Samsonite Proxis Spinner 75 wird für 449 Euro zum Kauf angeboten. Du kannst ihn aber auch für 120.000 Meilen erwerben. Wenn du dich dafür entscheiden solltest, deine Meilen für den Koffer einzusetzen, hätte deine Meile nur noch einen Wert von 0,37 Cent. Solltest du deine Meilen aus Payback-Punkten generiert haben, hast du sie genau in diesem Moment um mehr als 60 % entwertet!

Bei Hotels & Cars by Miles & More kannst du Hotelübernachtungen buchen und Meilen sammeln. Es geht aber auch umgekehrt. Du kannst mit deinen Meilen buchen. Aber lohnt sich das für dich?

Wir haben uns als Beispiel das NH Collection in der Berliner Friedrichstraße angeschaut. Wenn du es mit Meilen buchst, bekommst du es für 19.300 Miles & More-Meilen pro Nacht. Wenn du 30 Euro zuzahlst, werden noch 9.650 Meilen fällig. Buchst und bezahlst du über Hotels & Cars, kommt die Nacht auf 139 Euro und du bekommst 3.275 Meilen aufs Konto. Wenn du dein Zimmer direkt bei NH Hotels buchst, zahlst du nur 129,15 Euro – bekommst aber auch nur Punkte bei nh rewards gutgeschrieben oder 500 Miles & More-Meilen. Kurz nachgerechnet: Deine Meile hat in diesem Beispiel einen Wert von immerhin 0,67 Cent. Fast das Doppelte wie der Koffer, aber immer noch unter dem Minimumwert von Payback.

Wenn du deine Meilen spendest, geht es an die help alliance. Du bekommst aber keine Spendenquittung dafür.

Da Miles & More ja als Vielfliegerprogramm gegründet wurde, ist die lukrativste Sache nach wie vor, deine Meilen für Flüge zu nutzen. Doch wie einfach wäre die Welt, wenn es nicht auch hier erhebliche Unterschiede geben würde?

Das liegt unter anderem daran, dass es verschiedene Angebote und Tarife gibt. Also beispielsweise Economy, Business und First Class, aber eben auch Meilenschnäppchen und *normale* Prämienflüge.

Auch die zum Vergleich herangezogenen Ticketpreise sind natürlich abhängig vom Reisezeitraum, Wochentag und mehr.

Grundsätzlich ist festzuhalten, dass deine Miles & More-Meilen mehr wert werden, je weiter das Flugziel entfernt und je höher deine Buchungsklasse ist.

Kommst du bei einem Economy-Flug von Frankfurt nach Rom gerade einmal auf einen lächerlichen Wert von 0,16 Cent, landest du bei Frankfurt–Tokio schon bei 0,38 Cent – mehr als doppelt so viel. Trotzdem zeigen beide Beispiele sonnenklar, dass sich das Einlösen von Miles & More-Meilen für Economy-Class-Tickets nicht lohnt.

Denn in der Business Class sieht das Ganze schon anders aus. Frankfurt–Rom bringt dich auf 0,55 Cent und auf der Strecke von Frankfurt nach New York hat deine Meile einen Wert von 2,36 Cent. Nutzt du einen Business-Tarif zu Meilenschnäppchen-Konditionen, erhöht sich das sogar auf bis zu 4,36 Cent.

Den höchsten Gegenwert erzielst du bei First-Class-Tickets. Bei einfachen Flügen in der First Class erzielst du zwischen 7,7 und 11 Cent. Fast unglaublich – mindestens 60-mal mehr als für einen Europa-Flug in der Economy und noch 25-mal mehr als für einen Koffer!

Merke: Miles & More-Meilen nur für Flüge in der Business und der First Class ausgeben. Nicht für Sachprämien und Economy-Class-Flüge. Wenn du nicht auf Luxusflüge stehst, lohnt sich das Sammeln bei Miles & More für dich nicht.

Die Beispielflüge hier reichen natürlich nicht aus, um statistisch genaue Aussagen zu treffen. Aber sie erlauben es, ziemlich offensichtliche Tendenzen darzustellen. Die wohl offensichtlichste ist, dass die Meilen mit den steigenden Klassen immer wertvoller werden. Am lukrativsten wäre es also, die eigenen Meilen immer für Langstreckenflüge in der Business Class oder für First-Class-Flüge einzusetzen.

Die App Uptrip: Lohnt sich die Spielerei?

Mit Uptrip hat die Lufthansa Group eine App entwickelt, die das klassische Meilensammeln mit digitalem Sammelspaß kombiniert. Vielflieger können ihre Bordkarten scannen und in digitale Sammelkarten umwandeln. Diese Karten lassen sich thematisch zu Kollektionen zusammenstellen, die bei Vervollständigung gegen attraktive Prämien eingetauscht werden können. Jede Kollektion erzählt ihre eigene Geschichte: von Reisezielen, Flugzeugtypen, Airlines und Events. Seltene Karten, die es nur bei speziellen Flügen oder Gelegenheiten gibt, machen das Sammeln zu einem spannenden Abenteuer.

Pro Flugsegment mit einer Airline der Lufthansa Group gibt es zwei Karten. Der Reiz liegt nicht nur im Sammeln selbst, sondern auch im Tauschen. Dafür hat Uptrip einen Marktplatz integriert, der an den Spaß vergangener Sammeltrends erinnert. Besonders begehrt sind Karten aus limitierten Kollektionen oder solche, die für besondere Prämien benötigt werden. Neben Lounge-Zugängen, zusätzlichen Meilen und Flug-Upgrades können Nutzer auch auf Status-Upgrades hinarbeiten: Wer fleißig sammelt, hat die Chance, den Frequent-Traveller-Status zu erreichen, und bald soll es sogar möglich sein, den begehrten Senator-Status durch das Sammeln zu verdienen, nicht nur als Gewinn wie es ihn bei Uptrip schon gab.

Seit dem Start der App haben sich über 100.000 Nutzer registriert, und mehr als 350.000 Bordkarten wurden in NFT-Sammelkarten umgewandelt. Uptrip ist eine coole Spielerei und bringt frischen Wind in das klassische Meilensammeln.

Flying Blue: Die interessante Ergänzung

Träumst du von unvergesslichen Abenteuern und luxuriöseren Reisen? Dann ist Flying Blue, das Bonusprogramm von Air France und KLM, deine Eintrittskarte! Mit jedem Flug – sei es mit Air France, KLM oder einem der weiteren 35 Flying-Blue- und SkyTeam-Partner – sammelst du wertvolle Meilen.

Das Beste daran? Je höher dein Mitgliedsstatus ist, desto mehr Meilen fliegen in deine Schatztruhe. Im Einstiegsstatus Explorer erhältst du großzügige 4 Meilen pro Euro. Aber halt, es wird noch besser: Im exklusiven Platinum-Status regnet es sogar 8 Meilen pro Euro! Meilen im Flug gibt es übrigens auch für den Kauf von Zusatzservices wie beispielsweise À-la-carte-Menüs oder Sitzplatzoptionen.

Kein Meilenverfall: Bleib aktiv im Treueprogramm von Air France und KLM. Ein großer Vorteil von Flying Blue ist die Meilengültigkeit. Deine gesammelten Meilen sind unbegrenzt gültig, solange du innerhalb von 36 Monaten einen anerkannten Flug buchst und durchführst.

Elite-Status in greifbarer Nähe

Hast du das Verlangen nach elitären Vorzügen? Mit Flying Blue ist der Weg zum Elite-Status nicht nur lohnenswert, sondern auch aufregend. Erreiche Silber mit nur 100 Experience Points (XP), Gold mit 180 XP und die Krönung – Platinum, mit 300 XP.

Ab Gold geht es geradewegs in die exklusiven Lounges. Dein Status bleibt satte 12 Monate erhalten, und falls du dich nicht requalifizierst, rutschst du nur eine Stufe hinunter – großzügig, oder? Und wenn du mehr XP sammelst, als du für deinen aktuellen Status benötigst, nimmst du sie einfach mit in den nächsten Erfassungszeitraum.

Erreichst du innerhalb eines Jahres 900 Ultimate Experience Points (UXP), sicherst du dir den Flying-Blue-Ultimate-Status für ein Jahr. Früher waren dafür 1.800 UXP über zwei Jahre nötig. Solltest du während des Qualifizierungszeitraums mehr als 900 UXP sammeln, werden dir bis zu 900 überzählige UXP für das kommende Jahr gutgeschrieben. Damit wird es noch einfacher, dich für ein weiteres Jahr Flying Blue Ultimate zu qualifizieren und die exklusiven Vorteile zu genießen.

Uber und Flying Blue: Meilen sammeln leicht gemacht

Flying Blue und Uber haben sich zusammengetan, um dir eine weitere Möglichkeit zu bieten, Meilen zu sammeln. Egal, ob du eine neue Stadt erkundest oder einfach nur durch deine Heimatstadt cruist – jede Fahrt bringt dich deinem nächsten Urlaub ein Stück näher.

Nach der Verknüpfung deiner Uber- und Flying-Blue-Konten kannst du in Frankreich 1 Meile pro ausgegebenem Euro auf allen Premium-Fahrten (zum Beispiel Uber X Priority, Berline, Comfort, Taxi, Van und Uber Reserve) sammeln. In den Niederlanden gibt es für jede Uber-Fahrt ebenfalls 1 Meile pro Euro. Zusätzlich wartet ein Bonus auf dich: Wenn du im Kalendermonat mindestens vier Fahrten machst, erhältst du ab der fünften Fahrt und für alle weiteren Fahrten in den nächsten drei Monaten 2 Flying-Blue-Meilen pro ausgegebenem Euro. So holst du das Beste aus jeder Fahrt heraus – ganz gleich, wohin es geht!

Sammle XP für Nachhaltigkeit und Wohltätigkeit

Aber halt, es wird noch interessanter: Du kannst nicht nur beim Fliegen, sondern auch beim Unterstützen wohltätiger Organisationen und Nachhaltigkeitsinitiativen XP sammeln. Entscheidest du dich bei deiner Ticketbuchung dazu, SAF (Sustainable Aviation Fuel) zu erwerben, gibt es dafür ebenfalls XP. Deine guten Taten zahlen sich also gleich doppelt aus!

Am Boden abheben: Meilen sammeln leicht gemacht

Du denkst, Meilen sammeln ist nur in der Luft möglich? Falsch gedacht! Dank der Partnerschaft von Flying Blue mit Autovermietungen, Geschäften, Event-Ticketanbietern und Hotelketten kannst du auch am Boden dem Meilenrausch verfallen. Besonders hervorzuheben ist die Partnerschaft mit dem Hotelprogramm ALL Accor.

Miles + Points ermöglicht dir, sowohl Meilen als auch Punkte gleichzeitig zu sammeln. Doppelte Freude!

American Express und Flying Blue: Die perfekte Kombination

Falls du dich fragst, wie du deine Membership Rewards von American Express in Meilen verwandeln kannst – hier ist die Antwort! Im Verhältnis 5:4 tauschst du Rewards in Flying-Blue-Meilen um. Das geht meist sogar in wenigen Minuten vonstatten, schneller als bei jedem anderen Travel-Partner von American Express. So schnell kommst du deinem Freiflug näher.

Family First: Gemeinsam sammeln, gemeinsam fliegen

Das neueste Highlight? Das *Flying-Blue-Family*-Meilen-Pooling! Die ganze Familie kann jetzt zusammen Meilen sammeln. Ein Pool kann bis zu acht Mitglieder umfassen, darunter zwei Volljährige und bis zu sechs Minderjährige.

Das Familienoberhaupt, auch bekannt als *Family Leader*, kann jederzeit Meilen von den Konten der anderen Mitglieder auf sein eigenes übertragen. Ein schnellerer Zugang zu Prämien und Angeboten, von dem alle profitieren können.

Meilen einsetzen: Dein Ticket zu grenzenlosem Luxus

Und wenn du endlich deine kostbaren Meilen einsetzen möchtest, gibt es eine Vielzahl von Möglichkeiten: À-la-carte-Menüs, Gepäck, Ticketzuzahlungen, Upgrades und natürlich Flüge.

Aber denk daran: Flying Blue ist ein dynamisches Meilenprogramm. Die benötigte Meilenanzahl für ein Ticket hängt von der Nachfrage an deinem gewünschten Reisetag ab. Ein Business-Class-Ticket nach Dubai kann schon für schlappe 50.000 Meilen plus Steuern und Gebühren deins sein, aber an anderen Tagen kann es auch mal bis zu 200.000 Meilen kosten.

Vor Kurzem hat Flying Blue seine Prämienpreise für einige Flüge jedoch deutlich gesenkt. In der Business Class kostet ein Flug ab sofort zwischen Europa und Nordamerika nur noch ab 50.000 Meilen, unabhängig vom Abflug- oder Zielort. Nach Rio de Janeiro gibt es den Business-Class-Flug bereits ab 70.000 Meilen. Jeweils zuzüglich Steuern und Gebühren.

Das ist ein echter Knaller für Meilensammler! Bisher kosteten Business-Class-Prämien über den Atlantik je nach Strecke und Saison meist nicht weniger als 80.000 Meilen.

Die neuen Preise gelten für alle Flüge, die von Air France, KLM oder einem Partnerunternehmen durchgeführt werden.

Eine der auffälligsten Veränderungen betrifft Flüge über den Atlantik von Europa zu Zielen in den USA. Die Economy-Prämien für eine einfache Strecke kosten nun 20.000 Meilen, Premium-Economy-Prämien für einen Hinflug 35.000 Meilen und Business-Prämien für eine einfache Strecke 50.000 Meilen. Dies stellt eine signifikante Preissenkung dar, insbesondere in Bezug auf Business-Class-Flüge.

Die Preissenkung ist ein starkes Signal von Flying Blue, dass das Programm attraktiver werden soll. In den letzten Jahren gab es immer wieder Beschwerden von Meilensammlern, die sich über die hohen Preise für Prämienflüge ärgerten.

Flying Blue hat ein dynamisches Preismodell, das sich nach der Auslastung richtet. Prämienflüge können exorbitant teuer sein – sind dafür aber auch immer buchbar. Mit den neuen Preisen geht Flying Blue ganz klar einen Schritt in die richtige Richtung.

Die neuen Preise sind sehr wettbewerbsfähig und machen Prämienflüge in der Business Class für viele Meilensammler deutlich erschwinglicher. An den günstigen Tagen benötigst du weniger Flying-Blue-Meilen für deinen Business-Class-Flug in die USA als bei Miles & More. Dort werden für den einfachen Flug mit Lufthansa & Co. 56.000 Meilen fällig. Und auch Steuern und Gebühren sind bei Flying Blue meist rund 50 Euro günstiger.

Die Änderungen werden die Attraktivität des Flying-Blue-Programms steigern und mehr Kunden anlocken. Es ist eine erfreuliche Abwechslung in einer Zeit, in der sehr viele Vielfliegerprogramme Abwertungen vorgenommen haben und die Loyalität der Kunden auf den Prüfstand gestellt wird.

Trotzdem bleibt Flying Blue natürlich dynamisch. Heißt: Du musst flexibel in den Reisedaten sein, um die wirklich günstigen Tarife zu finden und nutzen zu können.

Schnäppchenjäger aufgepasst: Flying Blue Promo Awards

Und für alle Schnäppchenjäger gibt es die Flying Blue Promo Awards. Jeden Monat kannst du Flüge in der Economy, Premium

Economy und sogar der Business Class mit 20 bis 50 % weniger Meilen buchen. Die Ziele werden immer zu Monatsbeginn enthüllt. Welche aufregenden Destinationen warten auf dich?

Die Welt der Belohnungen erkunden

Falls du Lust auf deinen nächsten Freiflug verspürst, hat Flying Blue noch ein Ass im Ärmel: die Rewards Map. Eine interaktive Karte zeigt dir alle verfügbaren One-Way-Ziele, für die du deine kostbaren Flying-Blue-Meilen bei Air France oder KLM einlösen kannst. Die Welt steht dir offen!

Flying Blue: Das ausgezeichnete Treueprogramm

Flying Blue ist zweifellos eines der innovativsten und attraktivsten europäischen Loyalty-Programme. Aber vertraue nicht nur unserer Meinung, sondern auch den zigtausenden Konsumenten, die mit ihrer Stimme beim Wettbewerb Deutsche Bonus Awards Flying Blue bereits mehrfach ausgezeichnet haben – unter anderem mit Silber für den besten Kundenservice oder die beste Aktion zum Sammeln von Meilen.

Avios: Die vielseitige Meilen-Währung

Willkommen in der Welt der Avios-Punkte! Wenn du gerade erst von diesem System gehört hast, bist du bestimmt etwas verwirrt. Keine Sorge, das ist ganz normal, denn es gibt tatsächlich sechs verschiedene Programme, die Avios verwenden. Auf den ersten Blick kann das unübersichtlich wirken, doch sobald du das System durchschaut hast, wirst du es lieben.

Avios kannst du dir wie eine universelle Währung für Reisen vorstellen. Dabei sind Programme wie der British Airways Executive Club, Iberia Plus, der Aer Lingus AerClub, der Vueling Club, der Qatar Airways Privilege Club und seit Februar 2024 auch Finnair Plus alle miteinander verknüpft. Der Clou ist, dass du kostenlos Avios zwischen diesen Programmen hin- und herschieben kannst. Diese Funktion nennt sich Combine My Avios und steht dir auf den Websites der Programme zur Verfügung. Das bedeutet, es spielt im Alltag keine große Rolle, bei welchem Programm du deine Punkte sammelst, da du sie jederzeit dahin verschieben kannst, wo du sie gerade brauchst.

Wenn du dich fragst, wie du am besten startest, ist der British Airways Executive Club ein guter Einstieg. Die meisten Menschen nutzen dieses Programm, weil es einfach und flexibel ist. Doch auch die anderen Programme haben ihre Vorteile, und je nachdem, wie und wo du reist, kannst du sie optimal nutzen. Um deine Avios zwischen British Airways und Qatar Airways oder Finnair zu verschieben, brauchst du lediglich die Programme miteinander zu verknüpfen – das geht ganz einfach online.

Das Sammeln von Avios ist unkompliziert und lässt sich oft in deinen Alltag integrieren. Du kannst Avios zum Beispiel sammeln, indem du Flüge bei British Airways oder anderen Partnern der oneworld Alliance buchst. Dazu gehören Airlines wie American Airlines, Qatar Airways und Finnair, aber auch Aer Lingus, LATAM und China Southern. British Airways Holidays bietet dir sogar zusätzliche Möglichkeiten, Punkte zu sammeln, wenn du eine Reise buchst. Und selbst im Alltag kannst du Avios mit Partnern wie Uber oder Heathrow Rewards verdienen. Wer gerne an Umfragen teilnimmt, kann über e-Rewards oder Avios for Thoughts ebenfalls punkten.

Die einfachste Möglichkeit in Deutschland ist sicherlich Membership-Rewards-Punkte einer American-Express-Kreditkarte in eines der Avios-Programme zu übertragen.

Es gibt wirklich viele Wege, um schnell ein kleines Vermögen an Avios aufzubauen – sei kreativ und halte Ausschau nach Gelegenheiten.

Wenn du genügend Punkte gesammelt hast, stellt sich die spannende Frage: Wofür löse ich sie am besten ein? Die Antwort ist einfach: für das, was dir wirklich wichtig ist. Viele schwören darauf, ihre Avios für Langstreckenflüge in der Business oder der First Class einzulösen. Das bietet in der Regel den besten Gegenwert und verwandelt deine Punkte in echte Luxusmomente. Aber auch Kurzstreckenflüge innerhalb Europas können sich lohnen, besonders bei British Airways.

Weniger attraktiv ist dagegen die Einlösung für Langstreckenflüge in der Economy Class. Die hohen Steuern und Gebühren – gerade bei British Airways – schmälern hier den Wert deiner Punkte erheblich. In der Hochsaison kann es Ausnahmen geben, aber in den meisten Fällen ist diese Option nicht ideal.

Grundsätzlich lohnt es sich auf jeden Fall, vor der Buchung eines Prämienfluges die Meilenwerte in den unterschiedlichen Programmen zu vergleichen. Oft gibt es erhebliche Unterschiede auf der gleichen Strecke am gleichen Reisetag. Und zwar sowohl bei der Anzahl der einzusetzenden Avios, wie auch bei den Steuern und Gebühren.

Die Flexibilität der Avios-Programme macht sie so attraktiv. Du kannst deine Punkte bei über 30 verschiedenen Fluggesellschaften einlösen. Mit dem British Airways Executive Club stehen dir alle Airlines der oneworld Alliance sowie Aer Lingus zur Verfügung. Iberia Plus erweitert das Angebot um Partner wie Vueling, die du bei British Airways nicht buchen kannst. Der Qatar Airways Privilege Club bietet dir wiederum spannende Einlösungsmöglichkeiten bei JetBlue, LATAM, Bangkok Airways und RwandAir. Egal, für welches Programm du dich entscheidest, die Welt von Avios ist riesig und bietet dir unzählige Möglichkeiten.

Um das Beste aus deinen Avios herauszuholen, ist es wichtig, die Programme zu verstehen und strategisch zu nutzen. Fang mit einem Programm an, sammle erste Punkte und entdecke dann Schritt für Schritt die anderen. Sobald du die Grundlagen verstanden hast, wirst du merken, wie einfach es ist, diese Punkte in echte Vorteile umzuwandeln. Und wer weiß – vielleicht sitzt du schon bald in einer luxuriösen Business-Class-Kabine, die du dir mit deinen clever gesammelten Avios ermöglicht hast.

Das erste Business-Class-Abenteuer von Jonas

Fliegen in der Economy Class kennt jeder: lange Schlangen, enge Sitze und am Ende dieses Gefühl, einfach nur erschöpft und gestresst anzukommen. Für mich war das bisher der Standard, und ich muss zugeben, ich war oft genervt. Die Stunden ziehen sich, ich schaue immer wieder auf die Uhr und denke: Wann ist das endlich vorbei? Ich habe keine Lust mehr. Genauso fühlte ich mich auf fast jedem Langstreckenflug, bis ... ja, bis Emirates alles veränderte.

Ein unerwartetes Upgrade

Mein erster Business-Class-Flug war eine Überraschung. Ursprünglich hatte ich Economy gebucht, aber beim Check-in erhielt ich ein Upgrade durch meinen Emirates-Gold-Status, weil der Flug überbucht war. Ich konnte es kaum glauben – plötzlich war ich Business-Class-Passagier auf dem Flug von Dubai nach Ho-Chi-Minh-Stadt. Ein Gefühl, als hätte ich die Lottozahlen richtig getippt.

Schon der Einstieg fühlte sich königlich an: ein freundliches Lächeln, ein Welcome-Drink in Form eines Maracuja-Cocktails und, kurz darauf, ein Glas Champagner. Ich hatte das Gefühl, wertgeschätzt zu werden. Das Upgrade war nicht nur eine Überraschung, sondern ein absoluter Gamechanger.

Wie ein König fliegen

Kaum war ich an Bord, begann der Service auf einem Niveau, das ich nicht kannte. Die Flugbegleiter brachten mir ein Amenity Kit mit hochwertigen Produkten, darunter Schlafbrille, Zahnbürste, Socken und Ohrstöpsel. Die Toilette? Größer, sauberer und mit echten Handtüchern ausgestattet – ein Detail, das mir sofort auffiel.

Dann das Essen. Ich habe die Speisekarte aufgeschlagen und dachte: Warum nicht alles probieren? Und das habe ich auch. Ich ließ mir Prawns in Butter, Saté-Spieße, ein zartes Steak mit Risotto und ein Hühnchen-Curry bringen. Zum Frühstück gönnte ich mir Kaffee, Muffins, Pancakes und einen Käseteller. Alles wurde stilvoll serviert, auf Porzellangeschirr mit echtem Besteck, begleitet von einer Weinkarte, die ich ebenfalls ausgiebig getestet habe.

Es war ein Genuss von Anfang bis Ende, und ich musste lachen, als ich auf die Uhr schaute und dachte: Nur noch drei Stunden? Ich will gar nicht, dass dieser Flug endet.

Singapore Airlines: München nach Darwin

Ein weiteres Highlight war mein Business-Class-Flug mit Singapore Airlines von München nach Darwin. Dieses Mal war es kein Überraschungs-Upgrade, sondern eine bewusste Entscheidung. Ich hatte mich entschieden, mit meinen gesammelten Meilen das Erlebnis zu buchen – und es war jeden Punkt wert.

Die Anfahrt zum Flughafen

Wie gewohnt plante ich für die Fahrt zum Flughafen genug Zeit ein, um möglichen Staus auszuweichen. In der Vergangenheit, als Economy-Passagier, war das immer mit Stress verbunden: Hoffentlich fährt der Zug pünktlich. Was, wenn ich im Stau stecke? Dieses Mal fühlte sich alles anders an. Mein Business-Class-Ticket gab mir die Sicherheit, dass ich es zur Not auch in letzter Minute schaffen würde. Schließlich würde ich beim Check-in, bei der Sicherheitskontrolle und beim Boarding überall die Fast Lane nutzen können.

Priority Check-in und Lounge-Erlebnis

Nach meiner Ankunft am Flughafen München führte mich der Priority Check-in direkt an der langen Economy-Schlange vorbei. Ein kurzer Blick auf meinen Reisepass, ein Scan meines QR-Codes, und mein Gepäck war innerhalb von fünf Minuten aufgegeben. Kein Stress, kein Gedränge – an so etwas könnte ich mich gewöhnen.

Danach ging es zur Sicherheitskontrolle. Auch hier hieß es: Fast Lane. Während andere Passagiere in einer gefühlt endlosen Schlange warteten, stand ich innerhalb von zwei Minuten am Röntgengerät. Kein entnervtes Schuhe-Ausziehen, keine hektischen Blicke auf die Uhr – stattdessen entspanntes Durchatmen.

Mit über zwei Stunden bis zum Boarding vor mir machte ich mich auf den Weg zur Lounge. Es war meine erste Erfahrung mit einer Singapore-Airlines-Lounge, und ich war beeindruckt. Bequeme

Sessel, ruhige Atmosphäre, ein reichhaltiges Buffet mit warmen und kalten Speisen – und natürlich eine Getränkeauswahl, die keine Wünsche offenließ. Ich gönnte mir ein Glas Wein, während ich von einer ruhigen Ecke aus auf die Rollbahn blickte.

Das Boarding und das Flugerlebnis

Als das Boarding begann, durfte ich direkt an der Schlange vorbeiziehen. Dieses Mal war es kein separater Bus, sondern ein eigener Eingang zum Flugzeug. Ich trat durch den Vorhang, der die Business Class von der Economy trennt, und war sofort beeindruckt: großzügige Sitze, die sich in vollwertige Betten verwandeln ließen, und freundliche Flugbegleiter, die mich direkt begrüßten und zu meinem Platz führten. Doch nicht nur das. Eine Flugbegleiterin hat mich gleich mit meinem Namen angesprochen: »Guten Tag Herr Moll, ich hoffe es geht Ihnen gut – darf ich Sie zu Ihrem Sitz begleiten?«

Noch bevor wir abhoben, bekam ich ein heißes Tuch gereicht und konnte mich mit den Funktionen meines Sitzes vertraut machen. Per Knopfdruck ließ sich alles einstellen: von der Fußstütze über die Liegeposition bis hin zur Massagefunktion.

Das Highlight: das Essen. Dieses Mal war die Speisekarte noch exklusiver. Als Vorspeise wählte ich Wagyu-Tatar mit Trüffelcreme, gefolgt von einem Hauptgericht aus gebratenem Hummer in Safransauce, begleitet von einem knackigen Spargelsalat. Dazu wurde ein cremiges Kürbisrisotto mit gerösteten Pinienkernen gereicht. Zum Abschluss gönnte ich mir ein Schokoladensoufflé mit Passionsfruchtsauce – so luftig, dass es auf der Zunge zerging.

Auch das Frühstück war außergewöhnlich: ein frisch gebrühter Kaffee, begleitet von Croissants mit Erdbeerbutter, dazu ein Omelett mit Ziegenkäse und Kräutern. Alles wurde mit einer Eleganz serviert, die ich bis dahin nur aus Luxusrestaurants kannte.

Die Landung und der Unterschied

Während ich mir auf meinem Flug mit Emirates wünschte, dass die Zeit langsamer vergehen würde, war es bei Singapore Airlines genau dasselbe: Ich wollte gar nicht landen. Doch irgendwann war es so weit. Das Priority-Gepäck kam als Erstes vom Band, und innerhalb von Minuten war ich durch die Passkontrolle und auf dem Weg zu meinem Ziel.

In der Economy hätte ich mich bei der Ankunft vermutlich müde, gestresst und gerädert gefühlt. Dieses Mal? Ich war erfrischt, voller Energie und bereit für das Abenteuer in Australien.

Das Fazit: Warum Business Class mein neues Normal ist

Seit meinen ersten Erfahrungen mit der Business Class ist das Fliegen für mich kein notwendiges Übel mehr, sondern ein Teil des Reiseerlebnisses. Es ist nicht nur der Komfort oder das Essen – es ist das Gefühl, wertgeschätzt zu werden. Und obwohl ich niemals Tausende Euro für ein Business-Ticket ausgeben würde, nutze ich mittlerweile gezielt Upgrades über Meilen oder bezahlbare Angebote.

Lounges, Fast Lanes und gemütliche Sitze – all das macht den Unterschied. Und während ich früher dachte, hoffentlich ist dieser Flug bald vorbei, freue ich mich heute darauf, jede Sekunde in der Luft zu genießen.

BahnBonus

Im Zug und umher sammeln

Zugegeben, wir haben auch schon über die Bahn geschimpft, wenn wir wegen einer Verspätung unseren Anschlusszug verpasst haben. Du kennst das Gefühl, wenn du völlig abgehetzt am Bahnsteig ankommst und überlegst, wie du dein durchgeschwitztes Oberteil bis zum Meeting wieder trocken bekommst, und dann siehst du nur noch die Rücklichter deines Zuges?

Oder du bist mal richtig früh aufgestanden, der Wagen von Free Now stand pünktlich vor der Tür und jetzt bibberst du auf dem Bahnsteig, eiskalte Winterluft bläst dir entgegen. 15 Minuten Verspätung. Oder mehr. Nicht ausreichend Zeit, um wärmenden Schutz in einer DB Lounge zu suchen und ein paar E-Mails zu beantworten.

Doch auch in diesen Momenten der leidvollen Hassliebe empfinden wir Hochachtung vor der täglichen logistischen Meisterleistung, vor der Tatsache, dass wir fast alle und fast immer einigermaßen pünktlich und sicher von A nach B gebracht werden. Wir fahren gern Bahn und checken regelmäßig, ob sich ein innerdeutscher Flug wirklich noch lohnt. Schon der Umwelt zuliebe.

Die BahnCard – Besser 1. Klasse reisen

Kommen wir nun zur BahnCard. Die BahnCard ist eine Rabattkarte, die du für deine Ticketkäufe nutzen kannst. Sie ist im Normalfall zwölf Monate gültig und kostet einen einmaligen Betrag. Im Prinzip gibt es nur drei verschiedene Karten, diese aber in allerlei Variationen. Das hört sich vielleicht kompliziert an, ist es aber gar nicht.

Es gibt die BahnCard 25, mit der dir bei jedem Ticketkauf 25 % des Preises erlassen werden. Dann gibt es die BahnCard 50, die dir, logisch, 50 % Ermäßigung bietet. Und schließlich die BahnCard 100. Mit dieser Karte kannst du einfach in den Zug steigen und sozusagen umsonst durch die Gegend fahren. Jede BahnCard gibt es für die 1. und für die 2. Klasse, die Preise unterscheiden sich entsprechend.

Die BahnCard 25 kostet für die 2. Klasse mit zwölfmonatiger Laufzeit derzeit 62,90 Euro. Ob sich diese Anschaffung lohnt, lässt sich sehr leicht ausrechnen: Sobald du auf deine Tickets mehr als 63 Euro Rabatt in diesem Jahr erhalten hast, hast du schon gespart. Du müsstest also innerhalb dieser zwölf Monate insgesamt rund 250 Euro für Tickets ausgeben, um zu sparen. Wenn du dir nicht sicher bist, ob du den Vorteil nutzt, gibt es auch die Möglichkeit, die BahnCard 25 für drei Monate für unter 20 Euro zu testen. Bei der BahnCard 50 läuft es genauso ab, sie kostet derzeit 244 Euro für die 2. und 492 Euro für die 1. Klasse.

Wenn du über einen Cashback-Anbieter wie Shoop deine BahnCard online kaufst, bekommst du 2,5 % Cashback, und wenn du sie mit deiner Kreditkarte zahlst, gibt es obendrein noch Meilen oder Punkte – du siehst, das Kombinieren und Optimieren vervielfacht jeden Tag deine Meilenkontostände.

Wichtig zu wissen ist hier noch, dass man Bahntickets in verschiedenen Tarifen buchen kann. Einmal im Super-Sparpreis, der nicht umbuchbar ist und bei dem das Ticket nur für die jeweils gebuchte Fahrt gültig ist. Im Sparpreis, der weniger, aber immer noch einigen Einschränkungen unterliegt, und im Flexpreis, bei dem du nicht zuggebunden bist. Mit der BahnCard 50 gibt es auf die Flexpreise die üblichen 50 % Ermäßigung, aber auf die Sparpreise erhältst du nur 25 %.

Die BahnCard 100 ist natürlich von ihrem Luxus her erstrebenswert, lohnt sich aber nur dann, wenn man wirklich, wirklich viel mit der Bahn unterwegs ist. Sie kostet nämlich für die 1. Klasse rund 8.000 Euro. Zusätzlicher Vorteil dieser Karte: Den BahnBonus-Platin-Status bekommst du automatisch dazu. Außerdem darfst du kostenlos ein Fahrrad mitnehmen.

Für alle Karten gelten übrigens günstigere Preise, falls man unter 18 bzw. 27 Jahre ist oder bei einem Alter von 65 Jahren den Seniorenstatus erhält.

Punkte sammeln bei BahnBonus

Auch die Deutsche Bahn hat seit dem Jahr 2002 ein Vielfahrerprogramm. Und gar kein schlechtes. Die dazugehörige Karte ist die kostenlose BahnBonus-Karte. Das Programm selbst ist umsatzbasiert und du bekommst pro ausgegebenem Euro einen BahnBonus-Prämienpunkt sowie einen Statuspunkt gutgeschrieben. Deine Basispunkte halten 36 Monate, bevor sie verfallen, die Statuspunkte nur zwölf Monate. Die Tatsache, dass man auch Statuspunkte sammeln kann, deutet auf eine interessante Option hin: nämlich, dass du, wie das Wort schon sagt, einen Status erlangen kannst (dazu unten mehr). Da die unterschiedlichen Kartentypen im Zusammenhang mit BahnBonus etwas verwirrend sein können, möchten wir dazu vorweg ein paar Sätze sagen.

Du benötigst die kostenlose BahnBonus-App, um Prämien- und Statuspunkte zu sammeln.

Mit BahnBonus sammelst du pro ausgegebenem Euro auf Bahntickets genau einen BahnBonus-Prämien- und Statuspunkt, egal ob es sich um ein Flexpreis- oder ein Sparpreis-Ticket handelt, ein Gruppen- oder ein Aktionsticket wie zum Beispiel das Querdurchs-Land-Ticket oder um ein Länder-Ticket. Allerdings muss der Preis eines Tickets mindestens 5 Euro betragen, damit du überhaupt Punkte sammeln kannst. Wenn du deine Tickets online kaufst, kannst du einfach deine BahnBonus-Kundennummer während des Bestellprozesses eingeben und dir werden die Punkte gutgeschrieben. Wenn du ein Ticket an einem Automaten kaufst, musst du deine Karte einscannen, um die Punkte zu bekommen. Sowohl in der App als auch bei Online-Bestellungen kannst du es so einstellen, dass deine Bonusnummer automatisch angegeben wird.

Was easy klingt, ist es in der Praxis allerdings nicht. Deswegen hier eine schnelle Anleitung, wie es funktioniert: Logge dich bei *Meine Bahn* ein und klicke auf den Link *Alle BahnCard-Services* unter dem Bereich *Meine BahnCard-Services*. Dann klickst du in der rechten Spalte auf den Menüpunkt *Prämien- und Statuspunkte sammeln bei meinen Buchungen auf www.bahn.de*. Du setzt ein Häkchen bei der Option *Ich möchte bei meinem Fahrkartenkauf im Internet Prämien- und Statuspunkte mit meiner jeweils aktuellen Karte sammeln*. Danach nur noch auf *Angaben übernehmen* klicken.

Das Sammeln von BahnBonus-Punkten ist jedoch nicht nur auf Ticketkäufe bei der Deutschen Bahn beschränkt. Du bekommst auch 1 Punkt pro Euro in der Bordgastronomie. Wichtig: Lass den QR-Code in der App unbedingt vor dem Bezahlen scannen.

Genau wie bei eigentlich allen großen Bonusprogrammen kannst du auch bei den Partnerunternehmen sammeln. Bekannte Partner sind Accor und Leonardo Hotels. Du musst dich allerdings vorher entscheiden, ob du lieber die jeweiligen Punkte im Hotelprogramm oder eben die BahnBonus-Punkte sammeln möchtest. Belohnt wirst du auch bei HRS für deine Hotelbuchungen. Mietwagenpartner der Deutschen Bahn sind Sixt und Europcar.

Die einfachste und schnellste Möglichkeit, sehr viele BahnBonus-Punkte zu sammeln, bietet dir die Partnerschaft mit der Frankfurter Allgemeinen Zeitung (FAZ). Du kannst mit dem Abschluss eines FAZ-Abos manchmal bis zu 10.000 (du liest richtig: zehntausend!) Punkte sammeln. Normalerweise bekommst du auf den Ticketpreis für deine Bahnfahrt ja nur einen Punkt pro Euro. Mit diesen Promotions zahlst du im besten Fall nur 2,9 Cent pro Punkt. Ein absolut attraktives Angebot.

Vor Kurzem haben wir gerade einmal wieder viel Geld durch unsere BahnBonus-Punkte gespart. Unser Zugticket von Aschaffenburg nach Berlin hätte 265,60 Euro gekostet – so teuer, weil wir dieses Ticket kurzfristig an einem Freitag – also einem Tag mit hoher Auslastung – brauchten. Mit dem Guthaben auf unserem BahnBonus-Konto haben wir uns dieses Ticket für 1.500 Punkte geholt.

Weil wir die 1.500 Punkte über die sehr interessante FAZ-Aktion bekommen haben, haben sie uns 43,50 Euro gekostet. Normalerweise müssten wir beim Bahnfahren dafür 1.500 Euro für Tickets ausgeben, da es eben üblicherweise für 1 Euro einen Punkt bei der Deutschen Bahn gibt. Durch unsere BahnBonus-Punkte haben wir beim Ticketkauf also über 220 Euro – mehr als 80 %!

Mit den 10.000 BahnBonus-Punkten kannst du aber auch was anderes anstellen. Wir kommen gleich darauf zurück.

Punkte einlösen bei BahnBonus

Beim Bonusprogramm der Bahn gilt die gleiche Faustregel wie immer: Nutze deine Punkte für Upgrades oder kostenlose Prämienfahrten! Das Gute an der Bahn ist vor allem, dass Prämienfahrten tatsächlich völlig umsonst sind, da du keine zusätzlichen Steuern und Gebühren zahlen musst. Die Möglichkeiten sind dabei aufgrund der vielen verschiedenen Ticketvarianten so vielfältig, dass wir hier nicht alle aufzählen können. Konzentrieren wir uns also auf die unserer Meinung nach interessantesten Angebote.

Für eine nicht übertragbare Freifahrt benötigst du mindestens 1.000 Punkte. Eine Standard-Freifahrt für deine Wunschverbindung in der 2. Klasse kostet als Online- oder Handy-Ticket genau 1.000 Punkte. Damit kommst du einmal quer durch Deutschland mit jedem Zugtyp. Wenn du dieses Angebot in der 1. Klasse nutzen möchtest, musst du 500 Punkte zusätzlich zahlen. Es gibt auch die Möglichkeit, eine deutschlandweite Freifahrt zu verschenken, bei der du nicht im Vorhinein ein Ticket für eine festgelegte Fahrt am Schalter lösen musst. Das Ganze nennt sich Flex-Ticket, kostet dann 2.000 Punkte in der 2. Klasse und 3.000 Punkte in der 1. und du bekommst den Gutschein per PDF geschickt. Ziehst du ein Online- oder Handy-Ticket vor, bekommst du für den Preis von 2.000 Punkten in der 2. Klasse und 3.000 Punkten in der 1. sogar eine Hin- und Rückfahrt.

Wir selbst buchen ohnehin nur Handy-Tickets, da diese mit Abstand am praktischsten sind, weil man sie definitiv immer dabeihat – und umweltschonender ist es außerdem.

Ein nicht übertragbares internationales Bahnticket kostet dich ebenfalls 2.000 Punkte in der 2. und 3.000 in der 1. Klasse. Du bekommst einen Gutschein zugesendet, den du dann an einem Bahnhof in ein Ticket ins europäische Ausland eintauschen kannst.

Für 500 Punkte ist eine ganze Reihe von Prämien zu ergattern: eine Sitzplatzreservierung in der 2. Klasse oder ein Gutschein für das Bordrestaurant in Höhe von 5 Euro. Du kannst diese Punkte auch dem Bergwaldprojekt, der Bahnhofsmission oder verschiedenen Kinderprojekten spenden. Je 500 Punkte werden 10 Euro überwiesen.

Unsere Lieblingsprämie in dieser Kategorie ist ein Upgrade in die 1. Klasse. Das kann auf manchen Strecken schnell 50 oder sogar mehr als 100 Euro wert sein und stellt damit die anderen Möglichkeiten ganz schön in den Schatten.

Noch einmal kurz zurück zu den 10.000 BahnBonus-Punkten, die du dir mit dem Abonnement der FAZ geholt hast. Du kannst sie auch für attraktive Prämien einsetzen. Zum Beispiel bekommst du zwanzig Upgrades in die 1. Klasse, jeweils für unter 15 Euro. Oder zehn Fahrten in der 2. Klasse durch ganz Deutschland für jeweils weniger als 30 Euro. Günstiger kommst du kurzfristig auf langen Strecken in der Bahn nicht weg.

Vielfahrer werden belohnt

Die Deutsche Bahn bietet Vielfahrern mit dem BahnBonus-Programm attraktive Vorteile. Du kannst neben Prämien- auch Statuspunkte sammeln und so verschiedene Statuslevel erreichen, die dir zahlreiche Extras bieten. Ab 1.500 innerhalb von zwölf Monaten gesammelten Statuspunkten erhältst du den BahnBonus-Status Silber.

Zentrale Anlaufstelle für das Programm ist die BahnBonus-App, denn ohne sie läuft nichts: Das neue BahnBonus-Programm ist vollständig digital. Die dazugehörige Karte ist die kostenlose BahnBonus Card. Pro ausgegebenem Euro erhältst du einen Prämienpunkt sowie einen Statuspunkt gutgeschrieben. Deine Prämienpunkte sind 36 Monate gültig, bevor sie verfallen; die Statuspunkte verfallen nach zwölf Monaten. Das Sammeln von Statuspunkten ermöglicht es dir, verschiedene Statuslevel mit entsprechenden Vorteilen zu erreichen.

Der neue BahnBonus-Status: Silber, Gold und Platin

Das BahnBonus-Programm bietet drei Statuslevel: Silber, Gold und Platin, die bei Erreichen von 1.500, 2.500 bzw. 6.000 Statuspunkten innerhalb von zwölf Monaten vergeben werden. Je höher dein Statuslevel, desto attraktiver werden die Vorteile. Alle Vorteile der niedrigeren Levels stehen auch den höheren Levels zur Verfügung, oft in erweiterter Form. Das bedeutet, dass beispielsweise alle Statusvorteile des Silber-Levels auch für Gold- und Platin-Kunden gelten, wobei Platin die höchsten Privilegien bietet.

Welche Vorteile bringt der BahnBonus-Status?

Deinen Statusnachweis findest du in der BahnBonus-App. Nur mit ihr kannst du deine Statusvorteile wie den Eintritt zur DB Lounge oder den exklusiven Sitzplatzbereich im Zug nutzen. Es lohnt sich also, die BahnBonus-App herunterzuladen und stets griffbereit zu haben.

Der BahnBonus-Silber-Status

Hast du innerhalb von zwölf Monaten mindestens 1.500 Statuspunkte gesammelt, erhältst du den Silber-Status. Dieser bietet dir unter anderem acht Freigetränke in der Bordgastronomie, acht Tagespässe für die DB Lounge inklusive einer Begleitperson, bevorzugte Betreuung im Reisezentrum und exklusive Kontaktmöglichkeiten über den BahnBonus-Statusservice. Zudem profitierst du von Partnervorteilen und erhältst 30 Freiminuten für Call a Bike.

Der BahnBonus-Gold-Status

Mit 2.500 gesammelten Statuspunkten innerhalb von zwölf Monaten erreichst du den Gold-Status. Zu den Vorteilen des Silber-Levels kommen weitere hinzu: Du erhältst zwölf Freigetränke in der Bordgastronomie, Zugang zur DB Lounge inklusive einer Begleitperson und kannst den exklusiven Sitzplatzbereich im ICE und IC nutzen. Die Partnervorteile erweitern sich, so erhältst du zum Beispiel 15 % Rabatt bei Sixt sowie Upgrades und Early Check-in in Leonardo Hotels. Durch die Partnerschaft mit ALL Accor kannst du 4.000 ALL-Punkte in 2.000 BahnBonus-Punkte tauschen, was für vier Upgrades in die 1. Klasse der Bahn reicht.

Der BahnBonus-Platin-Status

Den höchsten Status, Platin, erreichst du mit 6.000 Statuspunkten innerhalb von zwölf Monaten. Neben den Vorteilen der vorherigen Levels profitierst du von zwölf Freigetränken in der Bordgastronomie, 30 % Rabatt in der Bordgastronomie – sogar viermal pro Tag –, Zugang zum Premium-Bereich in der DB Lounge inklusive einer Begleitperson und der Möglichkeit, exklusive Sitzplätze zu reservieren. Zudem erhältst du zwei Mitfahrerfreifahrten für Hin- und Rückreise und eine Statusgarantie: Solltest du im aktuellen Jahr weniger als 1.500 Statuspunkte sammeln, behältst du trotzdem den Silber-Status.

Die Statuslaufzeit beträgt nach Erreichen des Levels zwölf Monate. Fällt dein Statuspunktestand zwischenzeitlich unter die Punkteschwelle, bleibst du dennoch in deinem aktuellen Statuslevel. Ein Levelaufstieg ist jederzeit möglich.

Eine aktive BahnCard ist nicht erforderlich, um am BahnBonus-Programm teilzunehmen; auch ohne BahnCard kannst du Punkte sammeln und einen Status erreichen. Solltest du noch nicht teilnehmen, kannst du dich kostenlos bei BahnBonus anmelden und erhältst bis zu 350 Prämienpunkte als Willkommensgeschenk.

Lohnt sich der BahnBonus-Status?

Ja klar, denn mit dem BahnBonus-Status profitierst du unter anderem dadurch, dass du kostenfreien Eintritt in eine der 15 Deutsche-Bahn-Lounges hast. Dieser Service wird sonst nur Reisenden mit einer gültigen 1.-Klasse-Fahrkarte im Tarif Flexpreis oder Inhabern der BahnCard 100 gewährt. In den DB Lounges gilt eine allgemeine Ticketpflicht, das heißt, du benötigst eine tagesaktuelle Fahrkarte für den Fernverkehr der Deutschen Bahn.

Die Legitimationskontrolle erfolgt durch ein elektronisches Lesegerät am Empfang. Für die Zutrittskontrolle legst du einfach deine Fahrkarte oder den QR-Code aus deiner BahnBonus-App auf den Scanner.

Die Lounges öffnen zwischen 6 und 7 Uhr morgens und schließen abends zwischen 20 und 22 Uhr. Dort findest du eine Auswahl an Zeitschriften, bequeme Sessel, einen Arbeitsplatzbereich mit Schreibtischen und vor allem kostenlose Heiß- und Kaltgetränke.

In den 1.-Klasse-Bereichen der DB Lounge gibt es ein noch umfangreicheres Getränkeangebot und dazu eine Auswahl an Snacks. Für den Besuch benötigst du allerdings ein gültiges 1.-Klasse-Ticket im Tarif Flexpreis. Dann kannst du dich auf persönlichen Service freuen, in einem großen roten Sessel Platz nehmen und ein belegtes Vollkornbrot oder ein Stück Kuchen – auf Porzellan serviert – genießen.

Zu den Premium-Bereichen der DB Lounges in Berlin, Mannheim, München, Köln, Hamburg, Hannover und Frankfurt Hauptbahnhof haben ausschließlich Statuskunden mit gültigem Statuslevel Platin in Verbindung mit einem DB Fernverkehrsticket, Inhaber einer BahnCard 100 1. Klasse sowie Reisende mit einer Fernverkehrsfahrkarte 1. Klasse im Tarif Flexpreis Zutritt.

Auch die Freigetränke in der Bordgastronomie sind sehr nice. Von den 30 Minuten Freifahrt mit Call A Bike ganz zu schweigen. Rundherum lohnt sich BahnBonus und macht Spaß.

Ab dem Gold-Level wäre noch ein Bonus beim Sammeln von Prämien- und Statuspunkten eine gelungene Ergänzung. Trotzdem auf jeden Fall ein gelungenes Programm, das wir oft nutzen.

$

Cashback

Immer Geld zurück im Internet

Oft werden wir gefragt: »Was ist Cashback?« Und dann sofort: »Wie funktioniert das eigentlich?« Cashback heißt auf gut Deutsch nichts anderes als *Geld zurück*. Das Prinzip dahinter ist relativ leicht zu verstehen. Während du bei Bonusprogrammen wie Payback oder Miles & More Punkte oder Meilen sammelst, erhältst du durch Cashback-Portale Rabatte in Form von Prozenten oder festen Geldbeträgen. Die bekommst du dann später, wenn du willst, als Geld ausbezahlt.

Wenn du nicht gerade Meilen für einen Luxusflug sammelst, dann solltest du vielleicht eher auf Cashback setzen. Deine Ersparnis liegt meist bei 2 bis 6 %, aber du kannst auch Rabatte von bis zu 50 % ergattern, zum Beispiel an manchen Tagen bei Bestellungen bei Lieferando. Du merkst es: Wir sind große Fans von Cashback, und unsere Meinung wurde schon vor Jahren von der Stiftung Warentest bestätigt. »Schnäppchenjäger sollten auf Cashback setzen. Gerade bei größeren Anschaffungen lässt sich so eine Menge Geld sparen«, urteilte sie 2016 in einem Vergleich von Bonusprogrammen und Cashback-Portalen.

Wie funktioniert das nun? Der jeweilige Cashback-Anbieter hat verschiedene Partnershops, beispielsweise Adidas. Der Sportartikelhersteller ist natürlich daran interessiert, so viele Produkte wie möglich zu verkaufen und gleichzeitig möglichst wenig Geld auszugeben. Deshalb freut sich Adidas, wenn andere Firmen es übernehmen, Werbung für sie zu machen. Und dazu gehört auch dein favorisiertes Cashback-Portal.

Dein Cashback-Portal bietet dir zum Beispiel 10 % Cashback bei Adidas. Das überzeugt dich und du kaufst für 100 Euro dort ein. Adidas hat für die Kundengewinnung im Grunde keinen Finger gerührt und kein Geld ausgegeben, hat aber gerade welches verdient. Davon leitet Adidas 15 Euro als Dankeschön an den Cashback-Anbieter weiter. Der wiederum gibt 10 Euro an dich und behält 5 Euro selbst ein. So profitiert jeder.

Wenn dein Kauf und die Bezahlung geklappt haben, bekommst du von deinem gewählten Cashback-Anbieter in deinem Kundenkonto deine Gutschrift angezeigt. Das solltest du immer überprüfen, da es manchmal bei den Übertragungen zu technischen Pannen kommen kann. Das kann für dich etwas Mehrarbeit bedeuten, da du sogenannte Nachbuchungsanfragen stellen musst. Damit alles reibungslos funktioniert, musst du in den Shops immer die Cookies akzeptieren. Solltest du einen Adblocker nutzen, muss dieser beim Einkaufsprozess deaktiviert sein. Sonst gibt es kein Geld zurück.

Bevor du dir den Betrag auszahlen lassen kannst, kann eine ganze Weile vergehen. Manchmal dauert es bis zu sechs Monate, bevor dein Cashback auf dem Konto landet und du es dir auszahlen lassen kannst. Das wiederum liegt nicht an den Cashback-Portalen, sondern an der jeweiligen Auszahlungsgeschwindigkeit der Shops. Die lassen sich manchmal sehr viel Zeit. Und bevor dein gewählter Anbieter nicht selbst das Geld auf dem Konto hat, wird er deinen Anteil nicht an dich weitergeben.

Dein Cashback-Wert und damit dein erzielter Rabatt beziehen sich übrigens immer auf den Nettowert deiner Einkäufe. Wenn du dir deine Ersparnisse vor dem Kauf genau ausrechnen möchtest, musst du die enthaltene Mehrwertsteuer abziehen. Teile den Verkaufspreis im Shop einfach durch 1,19 und rechne dann deine Cashback-Prozente aus.

Mit jedem Einkauf, den du online tätigst, steigt dein Kontostand. Wie du dir dein Geld auszahlen lassen kannst, hängt vom jeweiligen Cashback-Portal ab. Die Möglichkeiten sind vielfältig: per PayPal, als Überweisung auf dein Bankkonto, als Tausch in Bitcoins oder Kryptowährungen wie WOM Protocol oder auch in Meilen.

Seit dem Tag, als wir Cashback entdeckt haben, sind wir große Fans und mittlerweile zu Heavy-Usern geworden. Wir nutzen Cashback, wann immer es geht: beim Kauf von Drogerie- und Elektroartikeln oder auch Reise-, Hotel- und Flugbuchungen. Auch wenn wir online Medikamente in einer Apotheke einkaufen oder neue Schuhe bestellen, führt der Weg über eines unserer favorisierten Cashback-Portale.

Interessanterweise ist hierzulande Cashback im Gegensatz zu klassischen Bonusprogrammen wie Payback noch immer recht unbekannt. Dabei hat eine Befragung des Deutschen Instituts für Service-Qualität, die 2020 im Auftrag des Nachrichtensenders n-tv durchgeführt wurde, gezeigt, dass sich über ein Viertel der Kundschaft in zwölf Monaten über Auszahlungen von mindestens 50 Euro und mehr freuen können. Aus eigener Erfahrung wissen wir, dass jedes Jahr ein Vielfaches davon möglich ist, wenn du Cashback richtig nutzt.

Zwei Tipps, bevor wir uns die einzelnen Cashback-Portale anschauen.

Nummer 1: Der E-Commerce-Riese Amazon kooperiert normalerweise nicht mit Cashback-Portalen. Hier kannst du Punkte und Rabatte aber über den Einsatz von Gutscheinen und deiner Kreditkarte ergattern.

Nummer 2: Wenn du die Kombination Preissuchmaschine, Cashback-Portal und punktefähige Kreditkarte nutzt, hast du das größte Sparpotenzial. So bekommst du dein Wunschprodukt zum besten Preis, zusätzlich noch Geld zurück und sammelst Punkte oder Meilen extra.

Da wir selbst von Cashback so begeistert sind, beobachten wir immer genau, was es Neues in dem Bereich gibt. Aktuell findest du unsere Empfehlungen auf unserer Internetseite. Einfach den QR-Code nutzen und wenn du dich dann bei einem Portal registrierst, gibt's als Willkommensgeschenk noch 10 Euro gratis auf dein neues Konto.

Shoop: Das größte Geld-zurück-Portal

Egal, ob wir online Kleidung oder Elektronik kaufen, Hotels und Flüge buchen oder auch wenn wir einen Flug stornieren mussten und Geld zurückbekommen wollen, führt der Weg oft über Shoop.

Damit sind wir nicht allein. Laut der schon erwähnten Studie des Deutschen Instituts für Service-Qualität ist die Website die Nummer 1 unter den Cashback-Plattformen in Deutschland. Seit 2010 haben die Shoop-Kundinnen über 100 Millionen Euro zurückbekommen. Darunter sind sicher einige Tausend von uns. Shoop erreicht in der Studie die höchste Kundenzufriedenheit aller Cashback-Portale (Qualitätsurteil gut). Der Anbieter belegt in sämtlichen Bewertungsbereichen den ersten Platz. Mit dem Auszahlungs-Handling zeigt sich ein sehr hoher Anteil – über 88 % der befragten Kundinnen – zufrieden; den Service bewerten rund 87 % positiv. Auch die Cashback-Höhe und das Partnershop-Portfolio sorgen für die hohe Zufriedenheit. Ohne Wenn und Aber können wir das bestätigen. Selbst wenn wir eine Nachbuchungsanfrage gestellt haben, weil unsere Bestellung nicht ordnungsgemäß registriert wurde, waren wir mit dem Service zufrieden.

Interessant ist außerdem, dass du über Shoop viele neue Stores entdecken kannst. Eine Möglichkeit dafür ist der mittlerweile jährlich stattfindende Shoop Day. Dieser findet parallel zu den Prime Days von Amazon statt und wird aktiv als Gegengewicht zu den omnipräsenten Amazon-Kauftagen beworben. An diesen Tagen gibt es noch mehr Cashback als an normalen Tagen und du findest so viele Alternativen zu Amazon.

Shoop ist definitiv auch einer der interessantesten und nützlichsten Services, die du für smartes Reisen in Anspruch nehmen kannst. Besonders eine Eigenschaft macht Shoop dabei so nützlich: Du bekommst auf deine Hotel- und Reisebuchungen nicht nur Geld zurück, sondern du sammelst außerdem noch Punkte bei deinem jeweils bevorzugten Programm. Du verdienst also sozusagen doppelt.

Aber Schritt für Schritt und schon mal vorab (mehr dazu im Kapitel *Sparen beim Schlafen*, S. 121): Es gibt etliche Webseiten und Portale, die du nutzen kannst, um deine Reise preiswerter zu machen. Buchungsportale wie Hotels.com, Booking.com oder

HolidayCheck vergleichen Tausende von Hotels, Deals und Angeboten, um für dich die jeweils günstigsten herauszufiltern. Das ist auch toll und superpraktisch. Allerdings tritt bei Hotelbuchungen über Online-Reisebüros ein Problem auf: Wenn du nicht über die Website des jeweiligen Programms buchst, werden dir natürlich auch keine Punkte im entsprechenden Bonusprogramm gutgeschrieben und du kommst somit auch nicht in den Genuss von Statusvorteilen. Das hat den einfachen Grund, dass sich die Anbieter so die Provision sparen, die sie sonst an Portale wie eben Booking.com bezahlen müssten. Trotzdem kann das Buchen über Online-Reisebüros manchmal die bessere Wahl sein, je nachdem, wie groß die Einsparung im Vergleich zur Original-Website des Programms für deine jeweilige Reise ist und ob sie dir zusätzlich ein eigenes Bonusprogramm anbieten, zum Beispiel Genius von Booking.

Und hier kommt nun der große Auftritt von Shoop. Zwar kannst du im Gegensatz zu Booking und Co. nicht direkt über die Seite ein Zimmer buchen, dennoch gibt es einen großen Vorteil. Und der sieht so aus: Nehmen wir als Beispiel die Accor-Hotels. Angenommen, du findest auf der Website der Hotelgruppe ein Traumzimmer in einem Sofitel, das dich pro Nacht 100 Euro kostet. Wenn du über die Website von Accor buchst, kannst du natürlich auch Bonuspunkte beim ALL-Programm sammeln. Buchst du jedoch über ein Online-Reisebüro, kostet dich das Zimmer vielleicht nur noch 95 Euro. Da steht also der Preisnachlass den Bonus- und Statuspunkten gegenüber. Was sich mehr lohnt, musst du von Situation zu Situation einschätzen oder eben einfach ausrechnen. Aber jetzt bist du Shoop-Nutzer. Also los: Du weißt nun bereits, dass du in einem Sofitel wohnen möchtest. Jetzt rufst du die Website von Shoop auf. Diese Seite ist sehr übersichtlich gestaltet und du benötigst im Grunde auch nur die Suchleiste oben in der Mitte. Dort gibst du schlicht *Accor* ein. Danach wirst du automatisch auf die Accor-Seite von Shoop weitergeleitet, auf der dir der prozentuale Wert angezeigt wird, den du nach deinen Zahlungen wieder zurücküberwiesen bekommst. Im Fall von Accor handelt es sich um gestaffelte Werte, je nach Hotelklasse. Außerdem findest du relativ weit oben auf der Seite einen großen blauen Button, auf dem steht: *Zum Shop und Cashback sichern*. Einmal draufgeklickt und du wirst auf die Accor-Startseite weitergeleitet. Von hier aus buchst du einfach ganz normal dein Zimmer, genauso, wie du es sonst auch tun würdest. Nach Abschluss des Kaufprozesses werden dir die entsprechenden Prozente des Preises zurückgezahlt – das können bei Hotels schnell bis zu 15 % sein – und dazu bekommst du, weil es eine direkte Buchung über die Hotel-Website ist, auch alle Bonus- bzw. Statuspunkte gutgeschrieben. Im Endeffekt bekommst du das Zimmer also für weniger Geld und gleichzeitig deine wertvollen Punkte. Du kannst sogar dreifach profitieren, denn noch dazu sammelst du Punkte oder Meilen, wenn du mit deiner entsprechenden Kreditkarte zahlst (mehr Details im Kapitel ***Kreditkarten***, S. 165).

Noch mal zur Erinnerung: Du erhältst keinen Sofort-Rabatt beim Einkauf oder bei der Buchung, sondern du musst zunächst den vollen Preis bezahlen, von dem du dann einen Teil rückerstattet bekommst. Du kannst dir bei Shoop dein Cashback auf verschiedene Weise auszahlen lassen: ab 1 Euro Guthaben als Überweisung auf dein Bank- oder PayPal-Konto oder sogar in Bitcoins. Interessant sind auch Shopping-Gutscheine für Saturn, IKEA, Shell und viele andere Unternehmen, da du noch einen Extra-Bonus bis zu 15 % erhältst.

Wenn du dir noch nicht dein kostenloses Shoop-Konto eingerichtet hast, wird es Zeit. Das dauert nur ein paar Minuten und du kannst sofort starten und ab sofort beim Onlineshopping (fast) immer Geld zurückbekommen. Nutz ganz einfach unseren QR-Code. Dann bekommst du übrigens als kleines Geschenk von uns und Shoop gleich noch 10 Euro als Guthaben auf dein neues Cashback-Konto. Gratis versteht sich.

mycashbacks: Die frische Alternative

Mit mycashbacks ist ein neuer Anbieter am Start, der die Möglichkeit bietet, Cashback auch in Meilen umzuwandeln. Eine beliebte Option, die nicht mehr zur Verfügung stand, nachdem Shoop die Partnerschaft mit dem Vielfliegerprogramm von British Airways und Iberia eingestellt hat.

Schon jetzt hat mycashbacks über 2.000 Partnershops, unter anderem Booking, Lieferando, Groupon und noch viele mehr. Auch in der Kategorie Reisen sind sie gut aufgestellt. Du findest Hotels.com, Opodo, Hertz, Europcar, Check24, Expedia, Flixbus, Accor und noch viele weitere Anbieter, bei denen du bei deinen Online-Buchungen Geld zurückbekommst.

Das Prinzip hinter dem neuen Portal ist – wie bei den anderen – ganz einfach: Zuerst registrierst du dich, besuchst dann über die mycashbacks-Seite deinen gewünschten Shop und kaufst ganz normal ein. Sobald der Händler den Kauf bestätigt hat und die Rückgabe- und Stornierungsfrist abgelaufen ist (denn auf zurückgegebene Ware erhältst du keine Rückvergütung), wird dir dein Cashback gutgeschrieben. Dies kann bis zu 30 Tage dauern und wird dir in deinem mycashbacks-Profil angezeigt.

Dein gesammeltes Cashback wird dir automatisch einmal im Monat ab einem Wert von 1 Euro ausgezahlt. Ob du es lieber auf dein deutsches Bankkonto, per PayPal oder als Gutscheinkarte für zahlreiche Shops bekommen möchtest, kannst du selbst in deinem Profil festlegen. Doch mycashbacks bietet dir noch weitere attraktive Möglichkeiten, an dein gespartes Geld zu kommen.

Wenn du es lieber innovativ und spekulativ nutzen möchtest, steht dir auch die Umwandlung in WOM Token zur Verfügung. Aus deinem gesparten Geld kann so eine lohnenswerte Investition werden, denn WOM Protocol könnte das Marketing weiter verändern, da es Mundpropaganda-Empfehlungen belohnt und incentiviert.

Sparen beim Schlafen

Punkte sammeln im Hotel

Was ist dir wichtiger? Mehr sparen oder mehr Luxus? Eine elegante, stressfreie Anreise zu deinem Ziel oder einige Tage in einer schönen Umgebung verbringen? An einem Platz, wo du dich wohlfühlst und dir viele Wünsche von den Lippen abgelesen werden?

Wenn du bei deiner Übernachtung einfach nur ein wenig sparen möchtest, kannst du einiges herausholen. Da springt schon leicht pro Tag das Geld heraus, das du für dein Mittagessen brauchst. Aber auch, wenn du es dir einmal etwas luxuriöser gönnen möchtest, gibt es für dich bei Hotelübernachtungen clevere Tipps.

Für uns gehört beides zu einer perfekten Reise dazu: Sparen und trotzdem ein wenig Luxus genießen. Am besten lässt du es dir nämlich auf jeder einzelnen Etappe richtig gutgehen, wenn du unterwegs bist. Und da kommt es dir entgegen, dass die Hotels dich für deine Treue belohnen. Vielleicht kennst du das von dem einen oder anderen deiner Urlaubsaufenthalte: Wenn du zweimal oder sogar öfter in ein und demselben Hotel deinen Urlaub verbracht hast, wirst du beim nächsten Mal freundlich mit Namen begrüßt, bekommst ein kleines Gastgeschenk und manchmal wird dir sogar ein etwas günstigerer Preis pro Übernachtung angeboten. Genau das gleiche Prinzip wenden die großen Hotelketten und auch die Buchungsportale an. Und davon kannst du vielfältig profitieren.

Egal, ob du bei einer Hotelkette direkt buchst und Punkte sammelst oder über ein Buchungsportal und das jeweilige Bonusprogramm nutzt: Jeder Weg hat eines gemeinsam: Du kannst zusätzlich einen Rabatt von bis zu 15 % abstauben, wenn du über ein Cashback-Portal wie Shoop oder mycashbacks gehst. Wie das genau geht und welche Vorteile dir die regelmäßige Nutzung von Cashback-Portalen sonst noch bietet, konntest du im vorhergehenden Kapitel *Cashback* (S. 111) erfahren.

Die großen Hotelketten: Du musst dich entscheiden

Bevor du die Entscheidung triffst, ob und in welchem Hotelprogramm du sammelst, solltest du einen selbstkritischen Blick auf dein eigenes Reiseverhalten werfen. Die meisten Treueprogramme werden erst dann attraktiv, wenn man pro Jahr 25-mal oder öfter in Häusern der jeweiligen Kette übernachtet. Erreicht man diese Anzahl nicht, sind die zu erwartenden Vorteile meistens nicht der Mühe wert. Bei Hotelbuchungen gilt es daher abzuwägen, ob es sich wirklich lohnt, im jeweiligen Hotelprogramm zu sammeln oder ob man sich für den Aufenthalt lieber Meilen in seinem Vielflieger- oder Bonusprogramm gutschreiben lässt. Und noch eine weitere Alternative bietet sich dir an. Denn die großen Buchungsportale haben mittlerweile eigene Bonusprogramme aufgelegt. Die sind für Wenig-Schlafende attraktiv, eignen sich aber auch perfekt, wenn du dich gar nicht an Hotelketten binden möchtest.

Auch wichtig zu wissen: Punkte und Statusvorteile gibt es in allen Hotelprogrammen nur, wenn direkt gebucht wird – online, in der App oder telefonisch. Ausgeschlossen sind damit Buchungen über Portale wie Booking.com oder Hotels.com; diese haben aber mittlerweile meist eigene Kundenbindungsprogramme, die ebenfalls interessante Benefits vor allem für Leute bieten, die nicht so viele Nächte in Hotels verbringen.

Wie bei den Fluggesellschaften wird bei den Hotels zwischen Prämien- und Statuspunkten unterschieden. Dabei können es die Statusvorteile wirklich in sich haben: Mal eben ein Upgrade im Wert von rund 1.000 Euro pro Nacht zu bekommen, kann auch für dich möglich werden. Bei Hotelbuchungen mit Übernachtung musst du dich aber vorher entscheiden, ob es sich für dich wirklich lohnt, im jeweiligen Hotelprogramm zu sammeln. Lass dich alternativ in deinem Vielfliegerprogramm belohnen oder streiche den Bonus des Buchungsportals ein. Du hast die Wahl. Überlege immer gut.

Kostenloses Frühstück, Late Check-out bis 16 Uhr oder ein Upgrade in die Suite – viele Reisende und Sammelnde von Punkten und Meilen haben sich an die kleinen und großen Annehmlichkeiten im Hotel längst gewöhnt. Loyalty oder auch einfach Treue heißt das Zauberwort, das viele Türen öffnet.

Bonusprogramme sind für die Kundschaft und Hoteliers wertvoll. Neu sind sie längst nicht mehr. IHG (InterContinental Hotels

Group) und Marriott streiten ein wenig darüber, wer das erste Kundenbindungsprogramm aus der Taufe gehoben hat. Im Februar 1983 erblickte das Programm von Holiday Inn das Licht der Welt, und die Wettbewerber zogen im November desselben Jahres nach. Da Holiday Inn aber nach drei Jahren pausierte, hat Marriott mit Bonvoy auf jeden Fall das längste aktive Programm auf dem Markt.

Mittlerweile gibt es keine wichtige Hotelkette mehr ohne Loyalitätsprogramm. Denn Treueprogramme bieten beiden Seiten Vorteile. Studien zeigen, dass zufriedene Mitglieder glaubwürdige Botschafterinnen der Marke sind – und das kostenlos. Gerade Elite Member, also mit höherem Status, verbringen mehr Nächte, buchen dreimal öfter in den hoteleigenen Kanälen und machen im Durchschnitt 50 Prozent mehr Umsatz. Sie sind einfach profitabler. Und dafür werden die Kundinnen belohnt.

Denk dran: Punkte und Statusvorteile gibt es in allen Hotelprogrammen nur, wenn direkt gebucht wird: online, in der App oder telefonisch. Ausgeschlossen sind damit Buchungen über Portale wie Booking.com, expedia oder Hotels.com

Nachfolgend unsere fünf wichtigsten Hotel-Bonusprogramme.

All Accor: Statusnächte ohne zu schlafen

Die Accor Hotels sind längst keine vornehmlich europäische Marke mehr. In den letzten Jahren haben sie ein gigantisches Wachstum auf mehr als 50 Marken vollzogen. Die Klassiker wie Novotel, Mercure, Ibis und Pullman treffen heute auf Raffles, Fairmont, Mama

Shelter und 25hours. Die besten Voraussetzungen also, um den Geschmack völlig unterschiedlicher Reisetypen zu treffen.

Das gemeinsame Treueprogramm heißt ALL Accor. Interessante Vorteile gibt es ab dem Gold-Status mit mindestens 30 Nächten im Jahr: Begrüßungsdrink, Early Check-in oder Late Check-out und Upgrades in die nächsthöhere Zimmerkategorie.

Mit Suite-Upgrades ist ALL allerdings sehr knauserig. Als Platinum-Mitglied (60 Nächte) bekommst du nur bis zu zwölf Upgrades für je 1 Nacht jährlich, abhängig von deinen gesammelten Punkten.

Das Programm ist dafür sehr einfach zu verstehen und vor allem in der App sehr innovativ. 2.000 Punkte sind 40 Euro wert, und sammeln kannst du zum Beispiel auch im Taxi und im Flugzeug. Immer wieder gibt es sehr lohnende Promotionaktionen. Aber Achtung: Du musst dich immer neu dafür registrieren, sonst gehst du trotz Übernachtungen leer aus.

ALL Accor hat sogenannte Double-Dip-Partnerschaften mit KLM, Qatar Airways und Qantas. Für Übernachtungen und Flüge wirst du so doppelt belohnt. Das lohnt sich!

Eine richtig coole Sache: Du kannst 20 Statusnächte sammeln, ohne überhaupt eine Nacht im Hotel geschlafen haben zu müssen. Für gerade einmal 199 Euro gibt es die ALL-PLUS-Voyager-Karte – und die kommt mit 20 Statusnächten als Bonus. Damit hast du sofort den Silber-Status im Programm und dir fehlen nur noch zehn Nächte für den Gold-Status.

ALL ist ein gutes Programm, für jeden, der nicht wesentlich mehr als dreißig Nächte pro Jahr im Hotel verbringt und mit den Vorteilen des Gold-Status zufrieden ist. Leider wurde bisher versäumt, auch den Vielschläfern wettbewerbsfähige Vorteile anzubieten. Mit der Top-Klientel, die 60 Nächte und mehr schläft, gehen andere Hotelketten deutlich großzügiger um. Das sollte dringend nachgebessert werden.

GHA Discovery: Keiner kann schneller Status

GHA Discovery umfasst 40 unterschiedliche Marken mit mehr als 800 Hotels in 100 Ländern. Dazu gehören unter anderem die Hotels von NH, Kempinski, Anantara und Avani.

Das Programm überzeugt uns von Tag zu Tag mehr. Es bringt einige interessante Vorteile mit sich. Auf jeden Fall ist es derzeitig das großzügigste Treueprogramm in Bezug auf den Elite-Status.

Teilnehmende können vom ersten Tag an die Programmwährung Discovery Dollars D$ verdienen, und der Prozentsatz, der auf Ausgaben angerechnet wird, steigt mit der Mitgliedsstufe, beginnend bei 4 % und ansteigend auf 7 %. Es ist übrigens egal, ob du in dem Hotel schläfst oder auch nur zum Essen hingehst. Bei Promotionaktionen gibt es bis zu 14 %. Überhaupt ist das Programm äußerst kreativ in der Umsetzung von Aktionen für die Mitglieder, gerade auch in der App.

Richtig klasse wird es, wenn der Titanium-Status erreicht wird. Dafür benötigt man entweder 15.000 US-Dollar Jahresumsatz in den GHA Discovery Hotels, oder 30 Nächte oder – und das ist sensationell gut und einfach – man übernachtet in drei unterschiedlichen Marken. Das heißt, du kannst schon mit nur drei Übernachtungen Titanium sein und bekommt den Status für zwei Personen. Dann gibt es Early Check-in und Late Check-out und vor allem Double-Upgrades. Man überspringt zwei Zimmerkategorien. Jonas hat dies kürzlich bei seinem Hotelcheck im Adlon Berlin richtig genossen.

In einigen teilnehmenden Brands gibt es auch kostenfreies Frühstück. Zum Beispiel in den Häusern von Nikki Beach und Capella, oder auch im Grand Hotel Heiligendamm.

Wir sind gespannt, ob GHA Discovery diese niedrige Status-Schwelle von nur 3 Übernachtungen lange aufrechterhalten kann. Wir glauben es nicht.

Neu ist das höchste Statuslevel RED. Dieser Status hat es wirklich in sich. Buchstäblich wird dir der rote Teppich ausgerollt. Es gibt nur eine kleine Hürde zu RED. Diesen Status gibt es nur auf Einladung. Aber völlig egal, ob RED oder Titanium. GHA Discovery gehört definitiv zu unseren absoluten Programmempfehlungen. Einfacher kannst du in keinem Programm einen Topstatus erlangen.

Hilton Honors: Beliebt, aber warum?

Hilton ist die drittgrößte Hotelkette der Welt mit 24 Marken, mehr als 8.300 Hotels mit über 1,25 Millionen Zimmern in 138 Ländern und Regionen. Das in Deutschland recht beliebte Treueprogramm heißt Hilton Honors.

In den Marken der Hilton-Hotels wird es ab dem Hilton-Honors-Gold-Status interessant, mit kostenlosem Frühstück, Late Check-out und Upgrades in die nächstbeste Kategorie. Den Gold-Status bei Hilton Honors bekommt man in Deutschland automatisch auch mit der Hilton-Honors-Kreditkarte, die es schon für eine Jahresgebühr von nur 72 Euro gibt. Mit dieser kann man auch für alltägliche Ausgaben Punkte sammeln.

Für das höchste Statuslevel Diamond benötigt man nur 60 Übernachtungen oder 30 Stays. Mit einer Status-Challenge geht's noch schneller: in 90 Tagen meist nur 12 Nächte. Auch mit der Kreditkarte gibt's einen Fast Track. Dann winken bei Hilton Honors Zugang zur Lounge und die begehrten Upgrades in die Suite.

Theoretisch zumindest. Selbst der höchste Status ist bei Hilton so leicht zu erreichen, dass die Hotels nur so vor Diamond-Mitgliedern wimmeln. Niedrigen Anforderungen und Status-Match-Gelegenheiten sei gedankt. Ulf-Gunnars Erfahrung nach, ist es wirklich Glücksache, überhaupt einmal ein Suite-Upgrade zu bekommen. Dieser Eindruck wird durch zahlreiche Kommentare in sozialen Medien leider bestätigt. Oft wurde er als Gast in die unangenehme Situation gebracht, an der Rezeption um seine Vorteile buhlen zu müssen. Schade, denn als ehemaliger großer Hilton-Honors-Fan macht er mittlerweile einen großen Bogen darum. Alex hat gerade erstmalig den Diamond-Status erreicht. Wir sind gespannt, wie es ihm damit ergeht.

Marriott Bonvoy: Entdecke die Welt

Marriott Bonvoy ist ein Bonusprogramm, von dem du enorm profitieren kannst, wenn du es richtig nutzt. Als Mitglied stehen dir fast 9.000 Hotels in mehr als 30 unterschiedlichen Marken – von Budget bis Ultra-Luxus – in 139 Ländern zur Auswahl. Als aktuell größte Hotelkette der Welt mit rund 1,2 Millionen Hotelzimmern in 122 Ländern vereint Marriott bekannte Marken wie Renaissance, St. Regis, AC Hotels, Courtyard, Moxy, W Hotels und Le Méridien unter einem Dach. Die weltweite Präsenz von Marriott ermöglicht es, Punkte fast überall zu sammeln und einzulösen, was deine Reisen noch lohnenswerter macht.

Die einfachste Methode, Punkte zu sammeln, ist ein Aufenthalt in einem der vielen Hotels oder bei Marriott Homes & Villas, einer Plattform für luxuriöse Privatunterkünfte. Hier kannst du in sorgfältig ausgewählten Häusern übernachten und dennoch Punkte sammeln und einlösen. Für jeden ausgegebenen US-Dollar erhältst du in der Regel 10 Punkte. Dies gilt sowohl für Zimmerpreise als auch für qualifizierende Ausgaben während deines Aufenthalts, wie zum Beispiel in Hotelrestaurants oder Spas. Nach dem großen Erfolg in den Vereinigten Arabischen Emiraten kannst du jetzt auch in Deutschland, Österreich und der Schweiz Punkte in Hotel-Restaurants mit *More Cravings* sammeln – auch wenn du nicht im jeweiligen Haus übernachtest. Das bedeutet, dass du einfach zum Essen oder Trinken vorbeikommen und dabei Punkte sammeln kannst.

Ein Elite-Status bei Marriott Bonvoy bietet viele exklusive Vorteile, die deinen Aufenthalt noch angenehmer gestalten. Um diese Benefits zu erhalten, musst du eine bestimmte Anzahl an Übernachtungen pro Jahr sammeln. Silver Elite erreichst du mit 10 Nächten und erhältst Vorteile wie späteren Check-out, bevorzugten Reservierungsservice und 10 % Bonuspunkte auf qualifizierende Ausgaben. Gold Elite ab 25 Nächten bietet zusätzliche Vorteile wie Zimmer-Upgrades (nach Verfügbarkeit), späten Check-out bis 14 Uhr und 25 % Bonuspunkte. Besonders interessant wird es ab Platinum Elite mit 50 Übernachtungen im Jahr. Hier profitierst du von 50 % Bonuspunkten, Lounge-Zugang, kostenlosem Frühstück, Late Check-out bis 16 Uhr und Upgrades bis in die Suite (nach Verfügbarkeit). Titanium Elite ab 75 Nächten bietet noch mehr Vorteile wie 75 % Bonuspunkte, höhere Upgrade-Priorität und zusätzliche Geschenke. Ambassador Elite erreichst du mit 100 Nächten und 20.000 US-Dollar Jahresausgaben; zudem erhältst du einen persönlichen Botschafter-Service sowie flexible 24-Stunden-Check-in-Zeiten.

Um schneller den begehrten Platinum-Elite-Status zu erreichen, solltest du die Platinum-Status-Challenge nutzen. Dabei musst du innerhalb von 90 Tagen nur 16 Übernachtungen absolvieren, um den Status zu erhalten. Dies ist eine hervorragende Möglichkeit, die Vorteile schneller zu genießen, ohne die üblichen 50 Nächte abzuwarten. Ulf-Gunnar hat es gemacht. Seine Erlebnisse liest du im Anschluss an dieses Kapitel.

Marriott hat es in den vergangenen Jahren durch verschiedene Promotions erleichtert, einen hohen Status zu erlangen. Allerdings führt dies auch dazu, dass es mehr Mitglieder mit Elite-Status gibt, was die Verfügbarkeit von Suite-Upgrades beeinflussen kann. Besonders in Regionen wie Asien, wo die Konkurrenz um Upgrades höher ist, da viele Platinum-Mitglieder unterwegs sind, lohnt es sich, den Titanium-Elite-Status anzustreben. Dann klappt es auch (fast) immer mit der Suite.

Bei Hotelbuchungen mit Punkten solltest du die Option *Stay for 5, Pay for 4* nutzen. Wenn du fünf aufeinanderfolgende Nächte mit Punkten buchst, wird dir die Nacht mit dem niedrigsten Punktestand kostenlos gutgeschrieben. Dies ist besonders vorteilhaft für längere Aufenthalte und erhöht den Wert deiner gesammelten Punkte erheblich.

Marriott Bonvoy unterhält Partnerschaften mit verschiedenen Fluggesellschaften, was dir zusätzliche Möglichkeiten bietet, Meilen und Punkte zu sammeln. Du kannst deinen Bonvoy-Account mit Loyalitätsprogrammen wie Emirates Skywards, United MileagePlus, Cathay verknüpfen. Mit Emirates Skywards sammelst du sowohl Punkte als auch Meilen, wenn du bei Marriott übernachtest oder mit Emirates fliegst. Durch die Partnerschaft mit United Airlines erhältst du bevorzugte Statusanpassungen und zusätzliche Vorteile, wenn du Mitglied bei MileagePlus bist. Diese Kooperationen ermöglichen es dir, sowohl auf dem Boden als auch in der Luft von exklusiven Vorteilen zu profitieren. Ein Status-Match mit Singapore Airlines ist ebenfalls möglich, wodurch du Zugang zu weiteren Benefits erhältst. Eine sehr einfache Möglichkeit schnell einen Star-Alliance-Gold-Status zu erlangen.

Mit Bonvoy Moments kannst du deine gesammelten Punkte in unvergessliche Erlebnisse verwandeln. Ob VIP-Tickets für Konzerte, exklusive Sportveranstaltungen oder kulinarische Events – du hast die Möglichkeit, auf spezielle Angebote zu bieten oder sie direkt mit Punkten zu erwerben. Diese Erlebnisse bieten oft einen hohen Gegenwert für deine Punkte und machen das Sammeln noch lohnenswerter. Beispielsweise kannst du Zugang zu exklusiven Veranstaltungen in der UBER Arena in Berlin erhalten, die sonst echt ziemlich preisintensiv sind.

Mit Marriott Homes & Villas hast du die Möglichkeit, in ausgewählten Luxusunterkünften zu übernachten und dabei Punkte zu sammeln oder einzulösen. Dies erweitert das traditionelle Hotelerlebnis und bietet dir mehr Privatsphäre und Individualität, ohne auf die Qualitätsstandards von Marriott verzichten zu müssen. Egal ob Strandvilla, Stadtapartment oder Berghütte – die Auswahl ist vielfältig und bietet für jeden Geschmack das Richtige. Vor allem gibt es immer wieder sehr lohnenswerte Bonuspunkte-Promotions.

Das Programm bleibt stets innovativ und erweitert kontinuierlich sein Angebot. Kürzlich wurde in den USA eine Partnerschaft mit Starbucks Rewards eingeführt. Mitglieder können ihre Konten verknüpfen und sowohl Starbucks Stars als auch Bonvoy-Punkte sammeln.

Obwohl die dynamischen Prämienpreise für Hotelübernachtungen eingeführt wurden und kostenfreie Übernachtungen dadurch teilweise erheblich teurer geworden sind, kompensiert Marriott dies durch vermehrte Sammel-Promotions und attraktive Angebote außerhalb der Hauptsaison. So findest du immer noch hervorragende Möglichkeiten, deine Punkte effektiv einzusetzen.

Die Umstellung auf dynamische Prämienpreise hat zwar die Kosten für einige kostenfreie Übernachtungen erhöht, bietet aber auch mehr Flexibilität. Die Preise passen sich der Nachfrage an, sodass du in Zeiten geringerer Auslastung weniger Punkte für eine Übernachtung benötigst. Mit sorgfältiger Planung kannst du so weiterhin von günstigen Prämienübernachtungen profitieren.

Aufgrund der großartigen und verlässlichen Benefits bleibt Marriott Bonvoy eines unserer absoluten Lieblingsprogramme und das vieler anderer Reisender auch.

Ulf-Gunnar auf der Überholspur in die Elite

»Ich denke, ja«, antwortet Thinesh mit einem dezenten, aber verschmitzten Lächeln auf den Lippen, als ich ihn frage, ob er ein schönes Zimmer für mich habe. Nur wenige Minuten vorher war ich aus meinem Taxi vom Flughafen ausgestiegen und durch die moderne Eingangshalle direkt auf den freundlichen Rezeptionisten zugegangen, dessen Namensschild ihn als Thinesh ausweist.

Immer, wenn ich in einem der weltweit über 8.300 Hotels von Marriott übernachte und das erste Mal den Weg zu meinem Zimmer gehe, überkommt mich diese Spannung ... Ich bin Marriott-Bonvoy-Member. Bonvoy, so nennt sich das Marriott-Bonusprogramm, und mit Titanium erreiche ich eines der höchsten Statuslevel. Ein kleines, aber wichtiges Detail macht den großen Unterschied zwischen Bonvoy und anderen Hotelprogrammen aus: Du bekommst ab einem Platinum-Elite-Status nicht nur ein Upgrade in die nächsthöhere Zimmerkategorie, sondern in das beste bei deiner Ankunft für die Zeit deines Aufenthaltes verfügbare Zimmer. Das kann auch eine Junior Suite oder sogar eine Suite sein. Genau diese freudige Anspannung erlebe ich also, als ich mit dem Fahrstuhl in den zehnten Stock fahre.

Wow Suite steht neben meiner Tür. Als mein Schlüssel das Schloss öffnet, ist es auch genau das, was ich denke: Wow! Zu meiner Rechten ein Arbeitszimmer, am Ende eines langen Flures bietet sich mir der Blick auf die Bucht von Doha. Herzlich willkommen,

Ulf-Gunnar Switalski!, werde ich auf dem großen Flachbildschirm im Wohnzimmer empfangen. Ich überlege kurz, ob ich mich auf der Sofalandschaft kurz aufs Ohr haue, entscheide mich aber, ein paar Minuten in einem freischwebenden Hängestuhl die Seele baumeln zu lassen. Ein großer Esstisch und eine Kaffee- und Teebar runden das Wow-Wohnzimmer ab.

Im angrenzenden Wow-Schlafzimmer gibt es einen ebenso großen Fernseher und ein riesiges kuscheliges Bett mit unzähligen Kissen in vielen Größen und Formen. Und in dem Moment, in dem ich vor lauter Freude gar nicht mehr daran gedacht hatte, dass noch etwas fehlt, öffne ich die Tür zum Wow-Badezimmer. Geräumig ist stark untertrieben. Hier habe ich Platz. Neben Dusche, Badewanne, Bidet und natürlich der Toilette gibt es Handtücher, Bademantel und Beauty-Artikel in ausreichender Anzahl. Den Gedanken, damit einen kleinen Laden in Doha zu eröffnen, lasse ich jedoch gleich wieder fallen. Wow. Hier werde ich mich wohlfühlen. Doch das Gute kommt zuletzt. Bei meiner Reservierung habe ich das günstigste Zimmer ohne Frühstück reserviert, denn als Platin-Mitglied bekommst du dein Frühstück immer aufs Haus. 120 Euro habe ich dafür gezahlt. Ein Blick ins Internet verrät mir, was meine Wow-Suite heute kostet, wenn ich als ganz normaler Gast ohne Bonvoy-Status einchecken würde. Ich traue meinen Augen nicht so recht, aber ich lese richtig: 944 Euro. Heute hat mir Marriott einfach einmal ein Upgrade für 824 Euro geschenkt. Danke, Thinesh.

Das Zauberwort heißt Platin-Status und den bekommst du bei Bonvoy normalerweise, wenn du im Jahr 50 Nächte in einem Hotel der 30 Marriott-Marken schläfst. Dazu gehören neben den

W Hotels andere illustre Marken wie St. Regis, Le Méridien oder auch die Design Hotels. 50 Nächte in einer Hotelkette im Jahr sind eine stolze Zahl. Genau aus diesem Grund konnte ich mich viele Jahre für mein Marriott-Konto nicht sehr begeistern. Bis ich auf der Webseite auf das Angebot einer Bonvoy-Status-Challenge stieß ...

Aber was ist eine Status-Challenge? Diese gibt es nicht nur bei Marriott, sondern sie wird bei diversen Bonusprogrammen ausgeschrieben. Man registriert sich für die Teilnahme an der sogenannten Herausforderung und muss dann innerhalb eines gewissen Zeitrahmens eine bestimmte Liste an Aufgaben erfüllen, die mal leichter und mal schwieriger sind. Insgesamt aber kann man so einen hohen Status sehr viel schneller und leichter erreichen als auf normalem Wege.

Bevor ich genauer auf die Challenge von Bonvoy eingehe, will ich eine Sache betonen: Solche Aktionen lohnen sich für dich vor allem dann, wenn du in dem Jahr ohnehin schon einen Urlaub oder mehrere Reisen geplant hast.

Wie immer geht es nun darum, dein normales (Kauf-)Verhalten so zu optimieren, dass du für dich das Beste herausholst.

Bei Marriott werden zwei verschiedene Challenges angeboten, einmal zum Erreichen des Gold- und einmal des Platin-Status.

Um die Gold-Challenge zu erfüllen, musst du innerhalb von drei Monaten acht Nächte in einem der mehr als 8.300 Hotels verbringen.

Normalerweise benötigst du 25 Übernachtungen innerhalb eines Jahres, um den Gold-Status zu erreichen. Selbst wenn das Verhältnis also ein bisschen schlechter ist, sind acht Übernachtungen in drei Monaten viel leichter zu erreichen als 25 in einem Jahr.

Noch deutlicher wird das bei der Platinum-Challenge: Für den Platin-Status musst du die doppelte Menge an Übernachtungen, also 16 Nächte, innerhalb der drei Monate tätigen. Ohne die Challenge benötigst du, wie gesagt, aber 50 Nächte in einem Jahr. Diese Challenge lässt sich also schon easy mit einem dreiwöchigen Urlaub meistern.

Du kannst dich für beide Challenges zeitgleich anmelden, sammelst so in beiden zur gleichen Zeit Übernachtungen für deinen Status und kommst daher auf dem Weg zu Platin auch schon in den Genuss der Gold-Vorteile, wenn du neun Nächte in einem Marriott-Hotel verbracht hast.

Da ich zu dem Zeitpunkt der Ausschreibung ohnehin zwei Asienreisen geplant hatte, meldete ich mich zu beiden Challenges an. Mein erster Aufenthalt führte mich in das Royal Orchid Sheraton Hotel & Towers, ein Hotelklassiker in Bangkok. Schon etwas in die Jahre gekommen, aber mit zwei schönen Pools ausgestattet: einer direkt zum Fluss gelegen und der andere, größere Pool fast romantisch im tropisch anmutenden Garten versteckt. Als Mitglied erhielt ich ein geräumiges Zimmer auf dem Guest Floor, der Mitgliedern vorbehalten ist. Meine erste Übernachtung für meine Challenge wurde mir schon rund 24 Stunden nach meiner Abreise in der Bonvoy-App angezeigt.

Als ich das sah, trainierte ich schon fleißig, quasi unter einem Wasserfall, auf dem Crosstrainer im Fitnessstudio des The Laguna A Luxury Collection Resort & Spa in Nusa Dua auf Bali. Eine schöne, großzügige Hotelanlage mit vielen Poollandschaften und einem üppigen Frühstücksbuffet. Obwohl ich noch keinen großen Schritt zu einem höheren Status gemacht hatte, bekam ich ein Upgrade und ein kleines Begrüßungsgeschenk. Stylish eingepackt und dezent auf dem Schreibtisch neben einer Obstplatte und einer Begrüßungskarte des Hoteldirektors platziert. Wie ich wohl als Gold-Member begrüßt werden würde?, überlegte ich. Als ich abreiste, hatte ich zwei weitere Nächte auf dem Weg zu Gold auf meinem Konto.

Die nächste Station führte mich ins Landesinnere von Bali, nach Ubud, einem magischen Hotspot. Sieben Nächte verbrachte ich im Sthala, a Tribute Portfolio Hotel. Aufenthalte in Südostasien bieten sich für die Status-Challenge übrigens besonders an. So hatte ich mir im Sthala für einen fast wundersam günstigen Preis zwei Nächte in einer Suite gesichert. Aber auch mein anderes Zimmer mit Blick auf eine Dschungel-Schlucht mit einem kleinen Fluss war ein schönes Zuhause auf Zeit. Das Sthala ist ein super Tipp, um Ubud zu erkunden. Es liegt etwas außerhalb und daher abseits vom manchmal quirligen Zentrum. Genieße die Sonnenuntergänge auf der Dachterrasse. Genieße das liebevoll zubereitete Frühstück. Genieße den Blick vom Pool in den sattgrünen Dschungel. Herrlich. Schon als ich zum letzten Mal in meinem superbequemen Bett von meinem ersten Bonvoy-Status träumte, hatte ich ihn mir erschlafen. Meine ersten neun Nächte hatte ich hinter mir und schon die erste auf meinem Weg zu Platinum.

Als ich zurück in Bangkok im Aloft die Augen aufschlug, öffnete ich die App und erblickte Gold. Das war nicht nur wirklich schnell gegangen, sondern hatte auch verdammt viel Spaß gemacht, denn schon als Mitglied ohne Status habe ich in allen Häusern eine sehr hohe Wertschätzung genossen. Ich war gespannt, was mich nun als Gold-Mitglied erwarten würde.

Der erste spürbare Unterschied ist die um 25 % höhere Punktzahl, der Punkte-Bonus, das Upgrade ins bessere Zimmer und die Check-out-Verlängerung bis 14 Uhr. Das macht beim Sammeln einen großen Unterschied aus.

Du erinnerst dich, dass ich meine erste Status-Challenge-Nacht im Royal Orchid Sheraton verbracht habe. Als ich wenig später als Platin-Mitglied zurückkehrte, erhielt ich viel mehr Punkte für die gleiche Rechnung!

Du siehst, ich habe auch die Platinum-Challenge geschafft und bin mittlerweile einer der größten Fans von Marriott Bonvoy. Nicht nur in Doha wurde ich in Suiten upgegradet. Den Luxus konnte ich auch in Miami, Bangkok, München, Recife, Hamburg und Tokio genießen. Den Zugang zur Executive Club Lounge, den ich immer dann bekomme, wenn es eine Lounge im Hotel gibt, mag ich nicht mehr missen. Dort kann ich meist nicht nur in Ruhe schreiben, sondern auch frühstücken, Snacks zum Mittag und Abend essen oder einfach bei einem Drink relaxen.

All das gibt dir Marriott Bonvoy als Geschenk, wenn du die Challenge bestehst.

Aber warum macht Marriott das? Weil sie einfach clever sind. Die Upgrades in Top-Zimmer sind zwar der ausschlaggebende Vorteil, aber nicht allein. Du wirst dich rasch daran gewöhnen, dass deine Punkte immer ganz schnell deinem Konto gutgeschrieben werden. Meist schon am Tag nach deinem Check-out. Wenn bei Marriott einmal etwas schiefläuft oder du auch nur eine einfache Frage hast, bekommst du von gut informierten Mitarbeitenden zügig die Antwort, nach der du gesucht hast. Mit attraktiven Promotions wird dir das Punktesammeln erleichtert, und deine Bonvoy-Punkte sind eine in der Reisewelt angesehene Währung. Du kannst sie auch in Flugmeilen tauschen.

Warum sie clever sind, willst du wissen? Weil es Marriott schafft, dich als Fan zu gewinnen. Als ich meine Challenge startete, habe ich im Mai meine erste Übernachtung gehabt. Jetzt ist es Dezember und ich habe nicht nur 16-mal in einem Marriott Hotel übernachtet, sondern ganze 42-mal. Und im kommenden Jahr werde ich meinen Platinum-Status ganz sicher behalten wollen.

Die Marriott-Bonvoy-Status-Challenge wird übrigens auch in diesem Jahr angeboten. Also: Mitmachen!

Wyndham Rewards: Das Unterschätzte mit großem Potenzial

Wyndham Rewards zählt mit mehr als 9.000 Häusern weltweit und Marken wie Ramada, Tryp, Wyndham und Super8 zu den größten Hotelprogrammen. Trotz seiner Größe führt es in Deutschland unserer Meinung nach zu Unrecht ein Schattendasein. Es ist viel besser, als sein Bekanntheitsgrad vermuten lässt.

Als Mitglied bei Wyndham Rewards erhältst du 10 Punkte pro ausgegebenem US-Dollar oder mindestens 1.000 Punkte pro Aufenthalt, je nachdem, welcher Wert höher ist. Mit über 50.000 Hotels und Ferienunterkünften weltweit hast du zahlreiche Einlösemöglichkeiten.

Das Beste an Wyndham Rewards: Das Programm verwendet noch eine feste Punktetabelle, wodurch du dich auch in der Hochsaison auf günstige Freinächte freuen kannst. Es gibt nur drei Kategorien von Häusern mit festen Prämienwerten für 7.500, 15.000 und 30.000 Punkte pro Nacht.

Schneller Statusaufstieg und attraktive Vorteile

Der Status ist schnell erreichbar: Schon nach 15 Übernachtungen wirst du Platinum-Mitglied, und nach 40 Nächten gibt es den Diamond-Status, der auch Upgrades in Suiten bietet. Ab dem Platinum-Level profitierst du von Vorteilen wie Early Check-in und Late Check-out. Ein herausragender Vorteil von Wyndham Rewards ist, dass Übernachtungen, die in einem Jahr über der jeweils benötigten Statusqualifizierung liegen, ins nächste Jahr mitgenommen werden.

Ein weiterer attraktiver Aspekt ist der Wyndham-Status-Match. Wenn du bereits einen Elite-Status bei einem anderen Hotel-Loyalitätsprogramm wie Marriott Bonvoy, Hilton Honors, IHG Rewards oder Best Western Rewards hast, kannst du diesen auf Wyndham Rewards übertragen und sofort von den Vorteilen profitieren. Dazu musst du lediglich einen Nachweis deines aktuellen Status einreichen, und schon erhältst du den entsprechenden Wyndham-Status. So kannst du direkt von Annehmlichkeiten wie Upgrades, Early Check-in und Late Check-out profitieren, ohne die üblichen Übernachtungsanforderungen erfüllen zu müssen.

Durch die Integration von Vienna House in das Programm gibt es mehr Optionen auch in Deutschland. Vom Punktewert ist Wyndham Rewards eines der attraktivsten Programme.

Attraktiver Punktewert und lohnenswerte Einlösungen

Punkte einlösen kannst du in mehr als 30.000 Hotels, Ferienclub-Resorts und Ferienwohnungen. Zudem kannst du Wyndham-Rewards-Punkte in Payback-Punkte umwandeln oder dir sogar in Geld auszahlen lassen. Wyndham-Rewards-Punkte können, im Vergleich zu verschiedenen anderen Programmen, einen sehr attraktiven Wert haben.

Ein Beispiel: Ulf-Gunnar musste für zwei Nächte nach München, und die meisten Hotels waren extrem gut gebucht. Die Hotelraten waren dementsprechend hoch. Gerade in Hotelprogrammen wie zum Beispiel Marriott Bonvoy, die preisgebunden flexibel Punkte anpassen, kann dies dazu führen, dass man als Mitglied für eine

Übernachtung viele Punkte einsetzen muss. Da sind die gesammelten Punkte bei Wyndham Rewards klar im Vorteil.

Ein Doppelzimmer im Hyperion Hotel München hätte mit Zugang zur Executive Lounge als Wyndham-Rewards-Mitglied 424,67 Euro gekostet. Wir konnten es für 15.000 Wyndham-Rewards-Punkte buchen. Ein Punkt hatte in diesem Fall einen Wert von 2,83 Cent.

Zum Vergleich: Das Aloft München hätte an diesen Tagen pro Nacht stolze 616 Euro pro Übernachtung gekostet oder 40.000 Marriott-Bonvoy-Punkte. Ein Marriott-Bonvoy-Punkt hätte somit einen Wert von 1,54 Cent gehabt. Die Wyndham-Rewards-Punkte waren demnach rund 90 % mehr wert.

Punkte kaufen und zusätzlich sparen

Ein weiterer großer Vorteil von Wyndham Rewards ist die Möglichkeit, Punkte zu kaufen und dadurch erheblich zu sparen. Im Normalfall sind wir keine großen Fans davon, Hotelpunkte oder Airline-Meilen zu kaufen, da es sich meist nicht wirklich lohnt. Wyndham Rewards bildet hier jedoch eine Ausnahme. Der Kauf von Punkten kann viel Sinn machen und dir einiges an Geld sparen.

Wenn du noch nicht genügend Punkte gesammelt hast, kannst du dir Wyndham-Rewards-Punkte kaufen und dabei von regelmäßigen Bonusaktionen profitieren. Normalerweise kannst du pro Jahr bis zu 60.000 Punkte erwerben. Im Rahmen von Aktionen wird dieses Limit oft auf 120.000 Punkte angehoben, dazu kommt dann noch ein Bonus, zum Beispiel 40 % Extra-Punkte. Du musst mindestens 3.000 Punkte kaufen, und es dauert etwa 72 Stunden, bis die Punkte auf deinem Konto verbucht sind.

In unserem München-Beispiel hättest du durch den Kauf von Punkten deutlich weniger gezahlt als bei der regulären Buchung. Für die Nacht wurden 15.000 Punkte benötigt, die Hotelnacht hätte regulär 424,67 Euro gekostet. Durch den Kauf der benötigten Punkte im Rahmen einer Bonusaktion hättest du die Übernachtung wesentlich günstiger bekommen und trotzdem die gleichen Vorteile genossen.

Wyndham Rewards ist ein leider absolut unterschätztes Bonusprogramm, das dir viele Vorteile bietet. Durch die festen Punktewerte, die Möglichkeit, Punkte zu kaufen, und den einfachen Status-Match kannst du gerade in Zeiten hoher Hotelpreise viel Geld sparen und von zahlreichen Annehmlichkeiten profitieren. Für uns ist es ein absolutes Must-have unter den Hotelprogrammen.

World of Hyatt: Das ultimative Hotelbonusprogramm?

Bei Hotelbonusprogrammen gibt es viele Optionen, aber World of Hyatt sticht heraus. Mit mittlerweile über 1.350 Hotels in 76 Ländern belohnt es die Treue der Mitglieder. Das Loyalty-Programm ist weltweit der Liebling in der Travel-Bloggerszene und unseres sowieso.

World of Hyatt ist definitiv das Bonusprogramm, das den Mitgliedern in der höchsten Elite-Stufe wirklich die Benefits liefert, die es verspricht – im Gegensatz zu anderen Mitbewerbern. Die 26 verschiedenen Hyatt-Marken bieten allen eine große Auswahl: meist stylisch, aber auch etwas preisintensiver.

Seitdem Hyatt die 35 Lindner Hotels ins Bonusprogramm integriert hat, ist es auch in Deutschland einfacher geworden, einen Hyatt-Status zu bekommen.

Wer für Workation-Aufenthalte das richtige Hotel sucht, wird mit einem der Hyatt-Place oder Hyatt-House-Häuser schnell fündig. Oder du checkst in den Home & Hideaways ein – so nennt sich die Antwort von Hyatt auf Airbnb.

Der beste Elite-Status?

Von Member über Discoverist und Explorist bis zum begehrten Globalist – mit deinen Übernachtungen kannst du dich zu den VIP-Gästen zählen. Einzigartig bei World of Hyatt sind die Benefits der höchsten Elite-Stufe. Hast du einmal die 60 Nächte pro Jahr geschafft und den Globalist-Status inne, willst du ihn meist nicht wieder hergeben.

Freu dich auf kostenloses Frühstück, frühen Check-in, späten Check-out, Lounge-Zugang und Upgrades in die Suite. Wenn du eincheckst und eine Suite für die Zeit deines Aufenthaltes verfügbar ist, dann bekommst du sie auch. Globalist kannst du auch für dein Leben lang werden. Dafür musst du insgesamt 200.000 US-Dollar in Hyatt-Hotels ausgegeben haben, egal in welchem Zeitraum.

Mach jemand aus deinem Freundeskreis zum Ehrengast

World of Hyatt ermöglicht es Globalists, ihre Vorteile mit anderen zu teilen. Das nennt sich Guest of Honor. Dein Ehrengast bekommt dann die gleichen coolen Benefits wie du (bis zu sieben

Nächten). Übrigens, wenn du noch nicht den höchsten Status hast, aber 40Nächte vollendet hast, kannst du dich selbst zum Guest of Honor ernennen – quasi als *Test the Globalist.*

Nicht so easy: Punkte sammeln

Bei Hyatt ist das Punktesammeln selbst im Vergleich zu anderen Programmen weniger attraktiv. Bei jeder Hotelbuchung erhältst du 5 Punkte pro ausgegebenem US-Dollar. Nicht nur Übernachtungen bringen Punkte – auch Essen im Restaurant oder Entspannen im Hotel-Spa füllt dein Punktekonto. Die Punkte verfallen nach 24 Monaten Inaktivität.

Aber wenn es in anderen Programmen im hohen Elite-Status bis zu 100 % Bonuspunkte gibt, muss man sich hier mit 30 % Globalist-Bonus zufriedengeben. Da muss einmal nachgebessert werden.

Noch mehr Vorteile

Während andere Hotelketten ihre Programme abwerten, werden die Vorteile von World of Hyatt weiter ausgebaut. Neue Optionen und verbesserte Prämien bieten den Mitgliedern mehr Möglichkeiten zum Sammeln und Teilen. Eine gelungene Verbesserung.

Sicher weißt du, dass wir große Fans von World of Hyatt sind. Für uns ist es das beste Loyalitätsprogramm, wenn du wie wir regelmäßig unterwegs bist und im Jahr mehr als 60 Nächte im Hotel verbringst. Was uns besonders gefällt, ist die Zuverlässigkeit – die versprochenen Vorteile, wie etwa Suite-Upgrades, sind wirklich verfügbar, und das hebt Hyatt für uns deutlich von anderen Programmen ab.

World of Hyatt hat sogar noch einen draufgelegt, während andere Programme ihre Benefits eher zusammengestrichen haben. Mit neuen Meilensteinen, den sogenannten Milestone Rewards, wurde das Programm noch attraktiver. Und jetzt gibt es weitere spannende Neuerungen – besonders in Zusammenarbeit mit American Airlines. Diese Änderungen könnten World of Hyatt endgültig zur besten Wahl für Vielreisende machen, die nicht nur oft übernachten, sondern auch viel fliegen.

Was macht World of Hyatt so besonders?

Viele Reisende, die regelmäßig in Hotels übernachten, wissen, wie wichtig zuverlässige und greifbare Vorteile sind. Im Vergleich zu anderen Programmen zeichnet sich World of Hyatt insbesondere durch seine Beständigkeit und Verlässlichkeit aus. Viele Loyalitätsprogramme haben in den letzten Jahren ihre Vorteile reduziert, während Hyatt genau das Gegenteil getan hat: Mit den sogenannten Milestone Rewards wurden zusätzliche Anreize geschaffen, die treuen Gästen zugutekommen.

Besonders auffällig ist der Unterschied im Bereich der Suite-Upgrades. Während bei anderen Hotelketten die Verfügbarkeit von Upgrades ziemlich oft Glückssache ist, zeigt sich Hyatt hier besonders großzügig und zuverlässig – vorausgesetzt, eine Suite ist für deinen Aufenthalt bei Anreise verfügbar. Dann kannst du dir sehr sicher sein, dass du auch wirklich in den Genuss der Benefits kommst, die dir versprochen werden – und das macht für Vielreisende einen großen Unterschied.

Die Zusammenarbeit von Hyatt mit American Airlines hat sich etwas verändert. Auch wenn man keine gegenseitigen Punkte oder Meilen mehr sammeln kann, gibt es ab 70 Übernachtungen für besonders treue Gäste eine neue, attraktive Option: den Zugang zu exklusiven AAdvantage-Vorteilen. Gerade für Reisende, die regelmäßig fliegen und gleichzeitig viele Nächte in Hyatt-Hotels verbringen, könnte dies ein spannendes Angebot sein.

Ab 70 Übernachtungen kannst du den AAdvantage-Gold-Status (Oneworld Ruby) als zusätzliches Geschenk wählen, was dir zahlreiche Vorteile beim Fliegen einbringt.

Für alle, die es auf 100 Übernachtungen bringen, gibt es die Option auf den AAdvantage-Platinum-Status (Oneworld Sapphire) Einige Jahre hatte Ulf-Gunnar den AAdvantage-Platinum-Pro- oder Platinum-Status inne und war begeistert.

Dies kann eine spannende Möglichkeit für diejenigen sein, die regelmäßig mit American Airlines oder anderen Mitgliedern der oneworld Alliance wie British Airways oder Qatar Airways fliegen.

World of Hyatt, das fast 30 Marken wie Hyatt Regency, Andaz, Park Hyatt, The Standard, Lindner und viele mehr vereint, ist unsere Nummer 1 unter den Programmen für Vielschläfer. Wenn du regelmäßig unterwegs bist und Wert auf zuverlässige und greifbare Benefits legst, solltest du es auf jeden Fall zu deinem Vorteil nutzen.

Wenn du seltener als 25-mal pro Jahr in den Häusern einer Hotelkette übernachtest, lohnt es sich für dich meist nicht, dich an ein Programm zu binden. Zum Glück möchten alle Anbieter Kunden und Kundinnen wie dich gewinnen und auch halten. Dadurch kannst du noch viel einfacher profitieren, denn auch die großen Buchungsplattformen bieten Bonusprogramme an, die dir beim Sparen helfen und zusätzliche kleine Vorteile während deines Aufenthalts bieten.

Booking: Wenn du weniger schläfst

Booking.com ist ein Preisvergleichsportal mit Sitz in Amsterdam. 1996 gegründet, gehört es seit 2005 zu dem amerikanischen Unternehmen The Priceline Group, zu der auch Websites wie Kayak, Momondo, Agoda und einige andere Anbieter gehören. Booking.com vergleicht die Preise von rund 2,5 Millionen Hotels, Pensionen, Baumhäusern und sogar Iglus aus 228 Ländern miteinander, um für dich den günstigsten Preis zu finden. Was vor 15 Jahren noch kaum vorstellbar war, ist heute alltäglich geworden. Noch im Jahr 1997 wurde beispielsweise eine Werbeanzeige des Portals von der größten holländischen Zeitung abgelehnt, weil nur Anzeigen mit Telefonnummern akzeptiert wurden, nicht mit einer Webadresse.

Heute kommst du um Preisvergleiche nicht mehr herum. Willst du aber auch gar nicht, denn die Preisunterschiede sind teilweise immens, und du kannst ohne Mehraufwand schnell Hunderte Euro sparen.

Booking.com vergleicht allerdings nicht nur die Preise von Übernachtungsmöglichkeiten miteinander, sondern auch von Flügen, Mietwagen, Restaurants und vielem mehr. Ziel ist es, das Reisen-Gesamtpaket abzudecken und die Kundschaft vom Start bis zum Ziel auf Booking.com zu halten. Die Seite zu nutzen, ist einfach. Du musst dafür nur Booking.com in deinen Browser eingeben – und schon kann es losgehen! Suchst du eine Unterkunft, helfen dir zahllose Filter dabei, deine Suche auf deine Wünsche und Bedürfnisse maßzuschneidern. Vom Budget, der Entfernung zu Sehenswürdigkeiten, Bewertungen von vorherigen Gästen, Mahlzeiten bis hin zur Ausstattung lässt sich alles anpassen.

Booking.com verfügt über kein eigenes Bonusprogramm, bietet Mehrfachbuchenden aber trotzdem Vorteile. Das Ganze nennt sich Genius. Mit deiner Anmeldung im Programm erhältst du den sogenannten Genius-Status Level 1 – übrigens lebenslang. Besitzt du den Genius-Status, bekommst du als Bonus 10 % Rabatt auf Aufenthalte und Mietwagen. Die erkennst du immer am blauen Genius-Logo direkt neben dem Namen des Hotels.

Wenn du fünf Buchungen bei Booking innerhalb von zwei Jahren tätigst, erreichst du das zweite Level im Genius-Status. Dein Rabatt kann auf bis zu 15 % steigen. Du bekommst kostenloses Frühstück und möglicherweise ein Upgrade in die nächsthöhere Zimmerkategorie. Übrigens zählen alle Buchungen von Aufenthalten, Flügen, Mietwagen, Taxis und Attraktionen, die du abschließt, für deinen Fortschritt.

Mit 15 abgeschlossenen Buchungen erreichst du das höchste Level 3. Dein Rabatt kann sich auf 20 % erhöhen und du bekommst einen besonderen Kundenservice bei deinen Aufenthalten.

Außerdem kannst du für deine Übernachtungen zwar keine Punkte bei den Hotels, dafür aber für deine Ausgaben auf Booking.com bis zu 2 Meilen pro Euro bei verschiedenen Airline-Partnern sammeln. Dazu gehören beispielsweise die Lufthansa, British Airways und TAP. Der Preis unterscheidet sich nicht, du wirst einfach mit zusätzlichen Meilen belohnt, musst jedoch über die Internetseiten der jeweiligen Partner-Fluggesellschaften auf Booking gehen, sonst funktioniert das nicht.

Hotel Reservation Service (HRS): Meilen oder Punkte gefällig?

Hotel Reservation Service, kurz HRS, ist ein deutsches Unternehmen mit Sitz in Köln. HRS ist ein Hotelbuchungsportal. Rund 300.000 Hotels in 190 Ländern sowie über 400.000 Ferienhäuser und -wohnungen in Europa stehen zur Auswahl. Im Jahr 2015 wurde das Portal von der Stiftung Warentest zum besten Hotelbuchungsportal gekürt, was unter anderem auch mit den regelmäßigen und teilweise wirklich attraktiven Sonderangeboten zusammenhängt. So gibt es beispielsweise die HRS Deals, bei denen dir Hotels zu Sonderkonditionen mit mindestens 50 % Rabatt angeboten werden. Oder du nutzt mit Ersparnissen von 30 % den Business-Tarif. Unter anderem deswegen ist HRS auch das beliebteste Portal seiner Art in Deutschland mit einem Marktanteil von über 60 %.

Von HRS gibt es Meilen bei Miles & More oder BahnBonus-Punkte. Spannender, als Miles & More-Meilen zu sammeln, ist die Möglichkeit, BahnBonus-Punkte zu sammeln. Außerdem gibt es auch immer wieder Aktionen, bei denen du beispielsweise doppelte Punkte bekommst. Im Normalfall gibt es nämlich entweder eine Meile oder eben 1 Punkt pro ausgegebenem Euro.

Warum aber ist es attraktiver, bei HRS BahnBonus-Punkte zu sammeln als Miles & More-Meilen? Ganz einfach: weil du die Punkte der Bahn ziemlich schnell in attraktive Prämien umwandeln kannst. Stell dir einfach vor, bei dir stehen drei Hotelnächte an – das müssen nicht mal teure Übernachtungen sein. Entscheide dich für ein Mittelklassehotel, da landest du im Durchschnitt irgendwo zwischen 75 und 100 Euro. In einem Mercure-Hotel in

Berlin zahlst du rund 90 Euro pro Nacht. Das macht insgesamt also 270 Euro oder 270 Punkte. Jetzt gehe einfach einmal von der glücklichen, aber auch gar nicht allzu seltenen Situation aus, dass gerade alle Punkte und Meilen verdoppelt werden. Dann stehst du nach diesen drei Übernachtungen bereits mit 540 Punkten oder Meilen da.

Jetzt musst du dich eigentlich nur noch fragen, was du damit anfangen möchtest. Und schnell fällt auf, dass das Angebot bei der Lufthansa für 500 Meilen sehr eingeschränkt ist. Vor allem, weil du deine Meilen ja am liebsten für Upgrades oder Prämienreisen ausgeben möchtest. Da fehlen dir bei der Lufthansa selbst für das billigste Meilenschnäppchen in der Economy Class immer noch gute 29.500 Meilen oder 14.250 Euro für Hotelnächte, die du über HRS buchst. Mit 500 BahnBonus-Punkten auf der anderen Seite hast du dein erstes Upgrade bei der Deutschen Bahn bereits in der Tasche. Das ist nämlich der Preis für ein Upgrade in die 1. Klasse innerhalb Deutschlands, und das kann leicht 100 Euro wert sein.

Wenn du deine Punkte schnellstmöglich zu einem guten Kurs umwandeln willst, dann entscheide dich auf jeden Fall für die BahnBonus-Punkte. Fährst du allerdings kaum mit dem Zug und möchtest einfach nur auf deinen nächsten oder sogar ersten Business-Class-Flug hinsparen, dann nimm auf jeden Fall die Miles & More-Meilen. Es ist eben immer eine Frage deines nächsten Ziels.

Miles & More Hotels + Cars, Kaligo & Rocketmiles: Mehr zahlen, mehr Meilen?

Wenn du deinen Urlaub planst, stehst du gewissen Fragen gegenüber, die du für dich beantworten musst. Je nach Typ kann die Liste kürzer oder länger ausfallen. Viele beschäftigen eigentlich nur zwei Fragen. Die erste Frage lautet: Wo will ich hin? Die zweite Frage: Wo übernachte ich?

Bei uns ist das etwas anders. Seitdem wir uns mit dem Sparen durch Punkte und Meilen beschäftigen, fragen wir uns natürlich auch, wie wir zum luxuriösesten Zimmer kommen und mit welcher Airline wir fliegen sollten, um bequem und möglichst stressfrei mit Premium Comfort an unser Ziel zu gelangen.

Aber egal, welchen Tarif wir bei welcher Airline buchen, fast immer erhalten wir Prämienmeilen dafür – mal mehr, mal weniger. Da die goldenen Zeiten, in denen du auch für günstige Economy-Tarife noch eine ordentliche Anzahl an Meilen bekommen hast, längst vorbei sind, gilt es, alle alternativen Sammelmöglichkeiten gut unter die Lupe zu nehmen.

Bisher konnten wir – einige Promotions ausgenommen – meist nur rund 500 Meilen pro Aufenthalt sammeln, wenn wir in Hotels übernachten. Doch glücklicherweise sind auch diese Zeiten vorbei. Denn heute gibt es Hotelbuchungsportale extra für Meilenverrückte wie uns – und vielleicht bald auch für dich. Die bekanntesten sind Miles & More Hotels + Cars, Kaligo und Rocketmiles.

Drei ganz unterschiedliche Webseiten, die aber doch alle sehr, sehr ähnlich funktionieren. Wenn du den Service einer dieser Seiten nutzt, kannst du dich auf bis zu 10.000 Meilen freuen – pro Nacht übrigens, nicht pro Aufenthalt. Das ist doch mal was.

Das Funktionsprinzip ist zum Glück ziemlich einfach. Bei Miles & More Hotels + Cars kannst du, wie der Name schon vermuten lässt, nur Miles & More-Meilen sammeln. Bei den anderen Anbietern hast du viele Programme zur Auswahl.

Zunächst gehst du auf die Webseite des jeweiligen Anbieters. Dort wählst du dein Reiseziel, das Datum deiner Reise sowie das Programm, für das du die Meilen sammeln möchtest, aus. Die meisten Programme sind mit an Bord, darunter Eurowings, Qatar Privilege, Flying Blue, KrisFlyer und viele mehr.

Sobald du deinen Aufenthalt absolviert hast, erhältst du zwischen 1.000 und 10.000 Meilen pro Nacht auf dein gewähltes Programm, was bis zu sechs Wochen dauern kann. Meist geht es jedoch deutlich schneller. Das Schöne daran ist, dass wir bisher bei keinem der Anbieter unseren Meilen hinterherlaufen mussten.

Mit Kaligo und Rocketmiles ist es supereinfach, wertvolle Bonusmeilen für die Programme, die dir wichtig sind, zu sammeln. Gerade bei Fluggesellschaften, mit denen du kaum oder bisher gar nicht geflogen bist, kannst du so zu stattlichen Kontoständen kommen. Es ist sogar möglich, Aufenthalte für andere Personen zu buchen und dafür trotzdem Meilen einzustreichen. Buche also fleißig auch für deine Liebsten im Freundes- und Familienkreis, und komme so noch schneller an deine benötigten Flugmeilen.

Es gibt immer wieder interessante Aktionen, bei denen du für deine erste Buchung jede Menge zusätzlicher Bonusmeilen sammeln kannst.

Wir nutzen mittlerweile oft einen der Anbieter, wenn wir in kettenunabhängigen Hotels absteigen, da uns dort die Übernachtungen natürlich nicht für unseren Status angerechnet werden.

Wichtig ist übrigens, dass du dich mit dem Anbieter und den Programmen vor jeder Buchung etwas beschäftigst, denn es gibt immer wieder erhebliche Unterschiede bei der Höhe der Prämienmeilen. Die oberste Devise lautet hier: Vergleichen! Wenn du ein Hotel gefunden hast, das dir zusagt, solltest du erst einmal deine favorisierten Bonusprogramme prüfen, um zu erfahren, bei welchem du für genau diese Buchung die meisten Meilen erwarten kannst.

Und was du auch unbedingt tun solltest, ist, die Webseiten miteinander zu vergleichen. Denn auch diese bieten teilweise sehr unterschiedliche Meilenausschüttungen. Es kann zum Beispiel gut sein, dass Kaligo gerade eine Aktion mit doppelten Avios hat oder Rocketmiles zu jeder Buchung 1.000 Meilen Bonus auszahlt.

Wir halten uns an die Regel: Einige Minuten vor der Buchung investieren, um alle Seiten und unsere wichtigsten Programme miteinander zu vergleichen.

Die Meilengutschriften zwischen den Programmen schwanken erheblich. Der Vergleich lohnt sich durchaus.

Dir muss auf jeden Fall bewusst sein, dass du bei der Buchung über eine der Seiten nie das günstigste Angebot finden wirst. Rocketmiles drückt das in seinen FAQs netterweise so aus: »Rocketmiles hat zwar keine ›Bestpreisgarantie‹, bietet jedoch wettbewerbsfähige Preise in Verbindung mit hohen Treueprogramm-Prämien für jede Hotelbuchung.«

In anderen Worten: Rocketmiles, Kaligo und Miles & More Hotels + Cars sind meist ein paar Euro teurer als andere Hotelanbieter. Du zahlst im Endeffekt einen etwas höheren Preis, bekommst dafür aber auch teilweise wirklich großzügige Mengen an Meilen gutgeschrieben. So kostet dein Zimmer vielleicht 20 Euro mehr, aber wenn du dafür 5.000 Meilen bekommst, ist dieser Deal natürlich trotzdem viel attraktiver, wenn dein Ziel ein teures Business-Class-Ticket auf Meilen ist.

Wann also lohnt es sich, Rocketmiles und Co. zu nutzen? Vor allem dann, wenn du wirklich große Mengen an Meilen bekommst, auf möglichst wenige Punkte verzichten musst und natürlich einen vergleichsweisen niedrigen Preis bezahlst.

Bei kettenunabhängigen Hotels oder Hotels ohne Bonusprogramm ist diese Rechnung schnell gemacht. Da du auf keine Punkte für deinen Status verzichten musst, kannst du dir einfach deine Prämienmeilen abholen.

Andernfalls solltest du dich fragen, was dir im Moment als Belohnung für deine Hotelübernachtung am wichtigsten ist: Bonuspunkte und anrechenbare Übernachtungen für deinen Hotelstatus, eine richtig günstige Übernachtung mit Bonus und zusätzlich Cashback als echtes Geld zurück oder eben doch viele Meilen auf deinem Meilenkonto.

Alex reist durch die Luxus-Welt

Luxushotels – Orte, die versprechen, Träume wahr werden zu lassen. Auf meiner Reise durch die exklusivsten Hotels der Welt habe ich die unterschiedlichsten Facetten von Luxus erlebt. Von ikonischen Gebäuden über beeindruckende Suiten bis hin zu überraschenden Schwächen war alles dabei. Jedes Hotel erzählt eine eigene Geschichte, und jede dieser Geschichten hat mich gelehrt, dass Luxus viel mehr ist als nur ein hoher Preis.

Ein Paar der spannendsten Hotels, sowohl im Positiven, als auch im Negativen gibt es für euch hier jetzt im Schnelldurchlauf.

1. The Ritz London: Glanzvolle Tradition mit Schattenseiten

Mein erstes Ziel war das legendäre Ritz London, eine Institution der britischen Gastfreundschaft. Das 1906 eröffnete Hotel liegt direkt am Piccadilly, gegenüber dem Green Park und in Laufweite zum Buckingham Palace. Es ist der Inbegriff von klassischem Luxus und ein Magnet für die Elite aus aller Welt.

Die Lobby des Ritz' ist ein Meisterwerk im Stil des Louis XVI. Überall strahlen goldene Akzente, Marmor und opulente Kronleuchter. Doch als ich mein Zimmer betrat, wich die anfängliche Euphorie einem nüchterneren Gefühl. Für 1.150 Euro pro Nacht hatte ich mir mehr erhofft. Das kleinste Zimmer des Hauses fühlte sich tatsächlich klein an, und obwohl die Einrichtung charmant war, zeigten sich klare Abnutzungsspuren. Die Möbel wirkten in die Jahre gekommen, und die Tapeten hatten ihren Glanz verloren.

Was jedoch unübertroffen blieb, war die Kulinarik. Das Frühstück war eine perfekte Mischung aus klassischen britischen und internationalen Köstlichkeiten. Besonders der Afternoon Tea, der für 100 Euro pro Person angeboten wird, ist ein Erlebnis für sich. In einem prachtvollen Saal wird Tee auf Silbertabletts serviert, begleitet von Scones, Sandwiches und feinstem Gebäck.

Doch der Aufenthalt hatte auch seine Schattenseiten. Die Atmosphäre war elitär und teils einschüchternd. Ohne Anzug fühlte ich mich völlig deplatziert, und selbst mit angemessener Kleidung hatte ich das Gefühl, nicht wirklich dazuzugehören. Es ist ein Hotel, das Respekt verdient, aber eines, in dem ich mich nicht wirklich willkommen fühlte.

2. Burj Al Arab, Dubai: Extravaganz mit kleinen Schwächen

Das Burj Al Arab, oft als das luxuriöseste Hotel der Welt bezeichnet, war eine der spektakulärsten Stationen auf meiner Reise. Schon die Anfahrt ist ein Erlebnis: Das Hotel liegt auf einer privaten, künstlich geschaffenen Insel vor der Küste Dubais und ist nur über eine geschützte Brücke erreichbar. Bereits von außen beeindruckt das Gebäude mit seiner ikonischen Form, die einem gigantischen Segel nachempfunden ist.

Beim Betreten der Lobby fühlte ich mich wie in einer anderen Welt. Die gigantische Halle ist geprägt von goldenen Säulen, einem riesigen Springbrunnen und einer Treppe, die in Regenbogenfarben beleuchtet ist. Ich wurde von einem persönlichen Butler begrüßt, der mich in meine Suite begleitete.

Und was für eine Suite! Mit 170 Quadratmetern war sie größer als so manche Wohnung. Zwei Stockwerke, Marmorböden, goldene Akzente und bodentiefe Fenster, die einen Panoramablick auf die Skyline Dubais boten. Im Badezimmer warteten hochwertige Hermès-Kosmetikprodukte – ein Detail, das den Aufenthalt noch luxuriöser machte.

Doch nicht alles war perfekt. Besonders der Indoor-Pool enttäuschte: Statt moderner Eleganz wirkte er eher altmodisch und konnte mit der restlichen Extravaganz des Hotels nicht mithalten. Ein weiteres Ärgernis war eine kleine Flasche Veuve Clicquot Champagner, die ich auf meinem Zimmer vorfand und für ein Willkommensgeschenk hielt. Erst beim Check-out stellte sich heraus, dass sie mit 150 Euro berechnet wurde.

Dennoch bleibt das Burj Al Arab ein einmaliges Erlebnis. Die Kombination aus opulenter Architektur, erstklassigem Service und der einzigartigen Lage macht es zu einem unvergleichlichen Hotel – trotz der kleinen Schwächen.

3. Bayerischer Hof München: Enttäuschung im Traditionshaus

Der Bayerische Hof in München ist ein Hotel mit einer langen und stolzen Tradition. Zentral am Promenadeplatz gelegen, bietet es seinen Gästen einen schnellen Zugang zu vielen der bekanntesten Sehenswürdigkeiten der Stadt, darunter der Marienplatz, die Residenz und das Viktualienmarkt-Viertel. Doch trotz seines Rufs konnte mich das Hotel nicht überzeugen.

Mein Zimmer lag direkt neben dem Aufzug – eine denkbar ungünstige Position, die jede Bewegung der Türen und die Geräusche der Gäste verstärkt wahrnehmbar machte. Die Einrichtung des Zimmers war im traditionellen bayerischen Stil gehalten, doch statt Charme vermittelte sie für mich eher den Eindruck von Altbackenheit. Besonders enttäuschend war das Bett: Statt eines gemütlichen Kingsize-Betts gab es zwei getrennte Einzelbetten.

Der Service, der in einem Haus dieser Kategorie eigentlich über jeden Zweifel erhaben sein sollte, zeigte Schwächen. Besonders irritierte mich der Room Service: Eine Tiefkühlpizza wurde mir ohne jegliche Verfeinerung oder Präsentation serviert – ein Fauxpas, den ich in einem Fünf-Sterne-Hotel nie erwartet hätte.

Den Tiefpunkt meines Aufenthalts markierte ein Vorfall mit meiner neuen Badehose. Ich hatte sie im Zimmer vergessen und gab der Rezeption genaue Anweisungen, wo sie zu finden war. Doch sie war »nicht auffindbar« – ein peinlicher Moment für ein Hotel, das sich durch hohen Standard und Professionalität auszeichnen sollte.

4. Marina Bay Sands in Singapur: Unvergessliches Erlebnis im Meisterwerk eines XXL-Luxushotels

Ursprünglich hatte ich ein ganz normales Standardzimmer gebucht – die unterste Kategorie. Über Trip.com gab es bei Payback 15-fach Punkte, die musste ich natürlich mitnehmen. Das Hotel ist beeindruckend groß: Mit fast 50 Stockwerken und 3.000 Zimmern zählt es zu den Giganten der Hotellerie. Die Standardzimmer befinden sich eher in den unteren Etagen und kosten dennoch stolze 700 Euro pro Nacht.

Beim Check-in habe ich sofort gemerkt: Hier hat wohl jemand geahnt, dass ich das Ganze für YouTube verfilme. Statt des gebuchten Zimmers landete ich im brandneuen VIP-Bereich des Hotels. Dieser exklusive Bereich bietet nicht nur ein kostenloses Restaurant, eine der beeindruckendsten Bars, die ich je gesehen habe, und einen eigenen Butler-Service, sondern war erst vor Kurzem renoviert worden. Die Suiten dort waren noch nicht online buchbar, dürften aber bei etwa 2.000 Euro pro Nacht liegen.

Der 5,5-Milliarden-Dollar-Koloss bietet mit seinem ikonischen schiffförmigen Rooftop-Pool und zahlreichen weiteren Highlights unzählige Möglichkeiten, Neues zu entdecken. Ein besonderes Highlight für mich: Ich konnte zwei junge deutsche Backpacker, die ich am Morgen zufällig beim Friseur getroffen hatte, in die VIP-Bar einladen. Dort gab es erstklassige Cocktails, exzellente Spirituosen und köstliches Essen – alles inklusive.

Diesen Aufenthalt werde ich wohl nie vergessen.

5. Raffles Doha: Königlicher Luxus in Katar

Das Raffles Doha war das beste Hotel meiner gesamten Reise – eine perfekte Symbiose aus modernem Design, luxuriösen Annehmlichkeiten und tadellosem Service. Das Hotel liegt in den ikonischen Katara Towers, deren schwertförmige Architektur ein Symbol für das moderne Doha ist.

Schon beim Betreten meiner Suite fühlte ich mich wie ein König. Die Räume waren nicht nur großzügig, sondern auch durchdacht eingerichtet. Besonders beeindruckend war die Minibar, die so umfangreich ausgestattet war, dass sie fast ein eigenes Zimmer hätte sein können.

Der Service war makellos. Jeder Wunsch wurde mir von den Lippen abgelesen, und die Mitarbeiter waren stets aufmerksam, ohne aufdringlich zu sein. Für 400 Euro pro Nacht bot das Raffles Doha ein unschlagbares Preis-Leistungs-Verhältnis, das kein anderes Hotel auf meiner Reise erreichen konnte.

6. Park Hyatt Milano: Luxus im Herzen der Modehauptstadt

Das letzte Hotel auf meiner Reise führte mich ins Herz von Mailand, direkt neben die ikonische Galleria Vittorio Emanuele II. Das Park Hyatt Milano ist für seine erstklassige Lage bekannt: Von hier aus sind die besten Boutiquen, der Dom und die berühmte Scala in wenigen Minuten zu Fuß erreichbar.

Schon die Ankunft war beeindruckend. Der Eingang des Hotels liegt diskret in einer ruhigen Seitenstraße, doch sobald man das Gebäude betritt, gelangt man in einen eleganten, lichtdurchfluteten Innenhof, der mit einem gigantischen Kronleuchter und modernen Kunstinstallationen dekoriert ist.

Beim Check-in wurde ich mit einem Upgrade auf ein Deluxe-Zimmer überrascht – eine freundliche Geste, die meine Erwartungen sofort steigen ließ. Das Zimmer selbst war großzügig gestaltet, mit einem großen Marmorbad und Blick auf die berühmte Einkaufsgalerie.

Doch trotz der Eleganz des Hotels gab es einige Momente, die den Aufenthalt trübten. Das Frühstück war enttäuschend. Für ein Hotel dieser Preisklasse – 1.190 Euro pro Nacht – hätte ich mehr erwartet als ein überschaubares Buffet und eine Handvoll À-la-carte-Optionen.

Ein weiterer Kritikpunkt war der Parkservice. Für 70 Euro pro Tag wurde mein Auto zwar sicher untergebracht, doch die Gebühr schien mir unverhältnismäßig hoch.

Meine Erfahrung im Park Hyatt Milano hatte eine Konsequenz. Ich habe mein Smartphone in die Hand genommen und Ulf-Gunnar angetextet. Er ist einer der größten World-of-Hyatt-Fans, die ich kenne und hat mir schon echt oft davon vorgeschwärmt (ob ich nun wollte oder nicht).

»Wirst du nun endlich auch Globalist?«, war seine schnelle Reaktion. Was dann folgte war ein kleiner Aha-Moment mehr für mich. Als Globalist, dem höchsten Elite-Status bei Hyatt, hätte ich in Mailand ein paar schöne Vorteile genossen.

Starten wir mal beim Preis. Das Zimmer, das ich gebucht hatte, wurde mit 1.190 Euro inklusive Frühstück berechnet. Als World-of-Hyatt-Mitglied hätte ich es für etwa 890 Euro bekommen – übrigens auch ganz ohne Elite-Status. Mal eben 300 Euro pro Nacht sparen ist nicht von schlechten Eltern.

Mein Überraschungs-Upgrade wäre sicher deutlich getoppt worden. Statt Deluxe Zimmer hätte ich als Globalist bei Verfügbarkeit ein Premier Zimmer für den Preis von rund 1.400 Euro, aber noch wahrscheinlicher eine Junior Suite für 1.750 Euro bekommen. Für 1.750 Euro schlafen und nur 890 Euro zahlen, scheint selbst für mich ein ziemlich guter Deal zu sein.

Außerdem hätte ich als Globalist noch mehr Punkte und vor allem einen entspannten Late Check-out bis 16 Uhr bekommen. Da es im Park Hyatt keine Club Lounge gibt, hätte mich wahrscheinlich noch ein Give-away oder Drink überrascht. Und wenn ich den Aufenthalt mit Punkten statt cash bezahlt hätte, dann wären mir auch keine 70 Euro Parkgebühren berechnet worden, denn die werden Globalists bei Punkteaufenthalten erlassen.

Der Haken: Um Globalist zu werden, musst du im Jahr 60 Übernachtungen in einem Hotel der Hyatt-Familie buchen. Für die meisten heißt das: volle Konzentration auf die Kette mit ihren mehr als 26 vor allem Lifestyle-Brands von Grand Hyatt, über Mr. & Mrs. Smith, Alila bis hin zu The Standard.

Kreditkarten

Mit läuft's leichter

Immer wieder ertappen wir uns dabei, wie wir in der Schlange an der Supermarktkasse beobachten, mit welchem Zahlungsmittel Menschen ihren Einkauf bezahlen. Bar, mit der Kreditkarte oder mobil mit dem Handy. Wenn wir dann noch beobachten, dass jemand zwar mit der Kreditkarte zahlt, aber eben mit keiner, die einen Mehrwert bietet, leuchtet in unserem Kopf ein riesengroßes Fragezeichen auf. Warum bloß verdient an dir nur deine Bank, und warum lässt du dich nicht wenigstens ein bisschen belohnen und sparst beim Bezahlen?

Die Deutschen haben in puncto Kreditkarten noch immer große Skepsis. Zum Ende des Jahres 2023 lag die Anzahl der ausgegebenen Kreditkarten in Deutschland bei rund 35,1 Millionen Stück. Damit ist die Zahl im Vergleich zu Vorjahren um mehr als 500.000 Kreditkarten gesunken. Im Jahr 2020 konnten hierzulande noch mehr als 40 Millionen Kreditkarten gezählt werden.

Wenn wir ehrlich sind, ärgert uns das besonders, denn im Durchschnitt gibt ein Zwei-Personen-Haushalt in Deutschland monatlich 417 Euro für Lebensmittel, 103 Euro für Kleidung, 122 Euro für Internet, Telefon und Information, 347 Euro für Verkehr und Mobilität und 245 Euro für Freizeit und Kultur aus. Alles Ausgaben, bei denen du belohnt wirst, wenn du sie mit der Kreditkarte zahlst. Du kannst einen ganzen Haufen Vorteile für dich herausholen, wenn du die richtige(n) Kreditkarte(n) auf Tasche hast. Wenn dein Ziel zum Beispiel ein Luxusflug ist, dann helfen dir die Karten, dein Sammeltempo ordentlich zu beschleunigen, wobei du dir paradoxerweise trotzdem mehr Zeit lassen kannst. Wie das? Indem die Nutzung vieler Kreditkarten den automatischen Punkteverfall des jeweiligen Programms aussetzt.

Die wichtigsten Kreditkartenanbieter sind Mastercard (zum Beispiel die Miles & More-Kreditkarten) und Visa (etwa die Hilton Honors) mit Marktanteilen von jeweils rund 44 Prozent, gefolgt von American Express mit 7,5 Prozent. Doch welche ist die richtige Kreditkarte für dich?

American Express, kurz Amex, erfreut sich auch in Deutschland über immer mehr Akzeptanz. Von A wie Aldi bis Z wie Zalando gibt es offline und online unglaublich viele Möglichkeiten, die Karte zum Einsatz zu bringen. Und dort, wo es vielleicht gerade nicht geht, hilft die Hinterlegung der American Express Card bei PayPal, Google oder Apple Pay, und sie wird gleich bei noch mehr Unternehmen akzeptiert. American Express hat zudem ein eigenes Bonusprogramm namens Membership Rewards (MR). Das Programm ist ein richtig starkes Multitalent. Mit seiner Flexibilität und Vielfalt stellt es alle anderen Punkte- und Meilensammelprogramme in den Schatten. Membership-Rewards-Punkte können bei jedem Einkauf gesammelt werden. Dabei erhältst du 1 Punkt pro 1 Euro Kartenumsatz.

Warum ist das für dich interessant? Aus drei Gründen. Erstens: Du kannst deine Membership-Punkte in enorm viele unterschiedliche

Hotel-Bonuspunkte und Flugmeilen umtauschen. Zweitens: Deine Membership-Punkte verfallen nicht. Das ist besonders für diejenigen interessant, die sich mit dem Punktesammeln Zeit lassen oder einfach eine sehr hohe Menge an Punkten ansparen möchten – zum Beispiel für die Weltreise in der Business oder der First Class. Drittens: Du kannst deine Membership-Rewards-Punkte auch direkt beim Bezahlen mit deiner American-Express-Karte nutzen. Das funktioniert bei jeder Ausgabe, die du mit einer American-Express-Karte bezahlst, außer mit der Payback American Express.

Interessant am letzten Aspekt ist, dass du dich bis zu 60 Tage nach dem Karteneinsatz noch entscheiden kannst, ob du deine Punkte einsetzen willst. In dem Fall bekommst du dann meist innerhalb von 48 Stunden die Gutschrift auf dein Kartenkonto. Wenn du zum Beispiel im Supermarkt für 10 Euro einkaufen warst, kannst du dies rückwirkend mit 2.500 Punkten bezahlen. Ein MR-Punkt hat dann einen Gegenwert von 0,4 Cent – aus unserer Sicht kein besonders interessanter Deal. Viel lohnender ist es, mit den Punkten auf Reisen zu gehen. Du kannst deine Membership-Rewards-Punkte in vielen Programmen von Fluggesellschaften und Hotels umwandeln.

Zu den Partnern gehören zum Beispiel Qatar Airways, British Airways, Delta Air Lines, Air France-KLM, Iberia, Hilton, Marriott und auch Payback. Leider ist Miles & More nicht dabei ... Oder doch? Erinnern wir uns: Du kannst ja deine Membership-Rewards-Punkte im Verhältnis 2:1 in Payback-Punkte umwandeln und diese dann wiederum im Verhältnis 1:1 in Miles & More-Prämienmeilen. Voilà! Bei anderen Airlines bekommst du aber definitiv mehr für deine Punkte, denn meistens ist das Umtauschverhältnis 5:4. So kannst du gerade bei Fluggesellschaften zu Freiflügen und Upgrades kommen, bei denen es aus Deutschland und Österreich heraus schwierig ist, viele Meilen zu sammeln.

Der Clou ist, dass du bei deiner Punkteausbeute noch den Turbo einlegen kannst, tatsächlich auch Membership-Rewards-Turbo genannt. Wenn du ihn aktivieren lässt, bekommst du 1,5 Membership-Rewards-Punkte pro einem Euro Umsatz. Wenn du das in Meilen umwandeln würdest, entspricht dies 1,2 Meilen pro Euro. Dieser Wert ist in Deutschland unschlagbar. Die Aktivierung geht schnell durch einen Anruf beim Kundenservice. Der Turbo kostet dich 15 Euro im Jahr, und du kannst bis zu 20.000 Membership-Rewards-Punkte zusätzlich sammeln. Du kannst ihn für alle American-Express-Karten einsetzen. Nur bei der Payback Amex nicht, aber da gibt es ja als Alternative Payback Max.

American Express bietet verschiedene Kreditkarten an. Welche für dich am sinnvollsten ist, hängt von deinem Ziel ab. Für alle gilt aber leider: Wo Sonne ist, ist auch Schatten. Die Amex-Karten sind mit satten 2 Prozent Fremdwährungsgebühr nicht gerade günstig für Zahlungen im Ausland. Bargeldabhebungen mit American Express sind ortsunabhängig wirklich teuer. Hier wird eine Gebühr von 4 Prozent, mindestens jedoch 5,95 Euro, fällig. Eine Nutzung im Ausland für Bezahlungen bzw. Bargeldabhebungen generell ist also nur in einer absoluten Notfallsituation sinnvoll.

Die klassische grüne Variante der Amex-Karte ist auch die günstigste. Im ersten Jahr ist sie sogar kostenlos, danach kostet sie 55 Euro pro Jahr. Ab 4.000 Euro Jahresumsatz bleibt sie kostenlos. Gibst du innerhalb der ersten drei Monate 3.000 Euro oder mehr aus, gibt es 5.000 Bonuspunkte geschenkt obendrauf. Du sammelst wie mit jeder anderen Amex einen Membership-Rewards-Punkt pro Euro Umsatz.

Die Amex Gold Card: Lohnt sie sich für Einsteiger?

Die American Express Gold Card ist in den ersten drei Monaten kostenfrei. Ein toller Deal, denn das gibt dir die Möglichkeit, dich mit der Karte anzufreunden – oder auch nicht. Wenn sie dich nicht überzeugt, kannst du sie einfach wieder kündigen. Nach den drei Monaten fällt eine Gebühr von 12 Euro pro Monat an, also 144 Euro im Jahr.

Allerdings gibt es ein ungeschriebenes Gesetz bei American Express, und bisher haben wir dort ein sehr kulantes Handling erlebt. Wenn du mehr als 10.000 Euro im Jahr mit der American Express Gold Card umsetzt, kannst du bei Amex anfragen, ob die jährliche Kartengebühr aufgehoben wird. Wir selbst haben die Erfahrung gemacht, dass dies möglich ist. Vor unserem Wechsel zur Platinum Card konnten wir die American Express Gold Card dauerhaft kostenlos nutzen. Um dies zu erreichen, haben wir von Urlauben bis zum Coffee-to-go alles mit dieser Karte bezahlt – und es hat sich gelohnt.

Natürlich können wir dir keine Garantie dafür geben, aber die Erfahrungswerte zeigen, dass es durchaus möglich ist, eine Premium-Kreditkarte dauerhaft kostenfrei zu bekommen. Die Karte bietet außerdem einen recht umfangreichen Versicherungsschutz. Dazu gehören eine Reiserücktrittskosten-, eine Auslandskranken- und eine Verkehrsmittelunfallversicherung. Zusätzlich gibt es eine Reisekomfortversicherung bei Flug- und Gepäckverspätungen sowie einen europaweit gültigen Kfz-Schutzbrief für den Fall von Pannen.

Im Normalfall erhältst du für die erfolgreiche Beantragung der Gold Card 15.000 Membership Rewards-Punkte als Willkommensbonus. Bei Promotion-Aktionen können es sogar bis zu 40.000 Punkte sein. Richtig eingesetzt, sind das ausreichend Punkte für einen Oneway-Flug in der hervorragenden QSuite von Qatar Airways zwischen München und Doha. Alternativ gibt es auch die Möglichkeit, die Punkte für eine Prämie von 144 Euro einzulösen. Aber wer würde 144 Euro nehmen, wenn er einen Luxusflug im Wert von weit über 1.000 Euro bekommen kann?

Die Amex Platinum Card: Die beste Reisekreditkarte?

Die American Express Platinum Card ist die Krönung der frei zu beantragenden Amex-Karten. Mit ihr trägst du zu Edelmetall gewordenes Plastik in der Tasche. Dieser Luxus kostet dich pro Jahr 660 Euro. Was zuerst nach viel klingt, kann durch die richtige Nutzung jedoch zu einem unglaublich guten Angebot werden. Du bekommst bis zu sieben verschiedene Kreditkarten für Familienangehörige und Leute aus deinem Freundeskreis, wodurch du die Kosten mit etwas Glück auf mehrere Personen aufteilen kannst. Außerdem erhältst du 30.000 oder mehr Membership-Rewards-Punkte als Willkommensbonus, wenn du innerhalb der ersten Monate einen Mindestumsatz erreichst. Unglaublich, aber wahr: Es gab schon Aktionen mit 90.000 Punkten zur Begrüßung. Wenn du wissen möchtest, wie viele Membership-Rewards-Punkte du gerade jetzt für das erfolgreiche Beantragen der American Express Platinum Card bekommst, nutze den QR-Code.

Ob die American Express Platinum Card wirklich teuer ist oder – bei geschicktem Einsatz – nicht, wird oft diskutiert. Gerade gestern haben wir mit einem guten Freund darüber gesprochen. Klar, auf den ersten Blick scheint die Monatsgebühr von 55 Euro für die Platinum Card hoch. Aber ist das wirklich so, wenn du genauer hinschaust? Wir denken nicht. Die vielen Vorteile, die du als Inhaber der Karte erhältst, können dieses Vorurteil schnell widerlegen.

Mit der Karte erhältst du zwei Priority-Pässe. Solltest du häufig auf Flughäfen unterwegs sein und Lounges nutzen, kannst du damit viel Geld sparen und wirst zudem unabhängig von den erschwerten Statusbedingungen der Airlines. Du hast sogar Zugang zu den Lufthansa-Business- und Senator-Lounges im Terminal 2 in München, egal mit welchem Flugticket du gerade unterwegs bist.

Zusätzlich gibt es zahlreiche Statusvorteile, die dich mit der Platinum Card praktisch zum Instant-VIP machen. Dazu gehören unter anderem Hotel-Statusvorteile wie Hilton Honors Gold, Marriott Gold, Radisson Rewards Gold und Meliá Rewards Gold. Bei den Autovermietern Hertz, Avis und Sixt kannst du ebenfalls profitieren. Bei Hertz erhältst du beispielsweise den Five-Star-Status, der dir Bonuspunkte und Upgrades in die nächste Fahrzeugkategorie ermöglicht. Bei Sixt erwartet dich die Platin Card, die dir 15 % Rabatt und automatische Upgrades bietet.

Die Bonusprogramme der Amex Platinum sind allerdings nur ein Teil des Pakets. Da schon die Gold Card umfangreichen Versicherungsschutz bietet, kannst du dir sicher vorstellen, dass die Platinum Card das noch übertrifft. Neben den Versicherungen der Gold Card, wie der Reiserücktritts- und Auslandskrankenversicherung, beinhaltet die Platinum Card unter anderem eine Haftpflichtversicherung im Ausland, eine Reisegepäckversicherung sowie eine Vollkasko-, Haftpflicht- und Reiseunfallversicherung für Mietwagen. Die Karte bietet dir also einen umfassenden Rundumschutz.

Als Karteninhaber erhältst du außerdem pro Jahr 200 Euro Reiseguthaben, das du im hauseigenen Reisebüro American Express Reisen nutzen kannst, um Hotels oder Flüge zu buchen oder anteilig zu bezahlen. Relativ neu ist auch das Fahrtguthaben bei Sixt Ride: Hier bekommst du zehn Gutscheine à 20 Euro für den Limousinen- und Chauffeurservice. Damit sparst du nicht nur Parkgebühren am Flughafen, sondern kannst deinen Urlaub direkt vor deiner Haustür starten.

Auch im Alltag kannst du mit der Karte sparen, zum Beispiel bei Einkäufen bei dm, Aldi, Alnatura oder Zalando. Regelmäßig profitierst du von Cashback-Aktionen, bei denen es schon mehrfach 225 Euro ohne Mindesteinkaufswert zurückgab.

Dieser Bonus wird über Amex Offers ermöglicht – ein praktisches Feature, das du in der American-Express-App oder online aktivieren kannst. Sobald du die App heruntergeladen und deine Karte hinzugefügt hast, erhältst du individuelle Angebote von Partnerunternehmen, die dir Rabatte, Gutschriften oder Extra-Punkte sichern. Es gibt ständig neue Angebote, wie etwa 300 Euro Gutschrift bei Hyatt, 35 Euro bei NH Hotels, 10 Euro bei Aral oder 25 Euro bei Kaufland.

Amex Offers ist kostenlos und bei jeder Karte automatisch in der App integriert. Einfach aktivieren und loslegen! Dieses Sparpotenzial gibt es übrigens auch bei der American Express Gold Card und der Payback-Amex.

Wenn du nur die bisher genannten Vorteile gegen den Kartenpreis aufrechnest, wird die American Express Platinum Card plötzlich nicht mehr teuer, sondern sogar günstig.

Die folgende Beispielrechnung zeigt, warum:
720 Euro jährliche Gebühr der Platinum Card
- 200 Euro Platinum-Reiseguthaben
- 200 Euro Platinum-Condor/Marabu-Guthaben (max.)
- 150 Euro Platinum-Restaurantguthaben
- 90 Euro Platinum-Shopping-Guthaben bei Net-A-Porter und Mr. Porter
- 200 Euro Sixt-Ride-Startguthaben
- 798 Euro Priority Pass für 1.200 Flughafen-Lounges
= 918 Euro Überschuss – ein klarer Benefit

Dabei sind weitere Vorteile wie Amex Offers, Membership Rewards, Versicherungen, Hotelstatus und Mietwagenstatus noch gar nicht berücksichtigt.

Übrigens: Als Karteninhaber kannst du Membership-Rewards-Punkte verdienen, wenn du die Karte weiterempfiehlst. Die Höhe der Punkte hängt von der jeweiligen Promotion ab.

Die American Express Platinum Card ist die ultimative Kreditkarte. Mit ihr trägst du die First Class der Kreditkarten im Geldbeutel, bist rundum abgesichert und profitierst von einem Leistungspaket, das alle anderen Karten in den Schatten stellt. Sie ist ihr Geld definitiv wert. Du solltest dir jedoch gut überlegen, ob du die vielen Vorteile auch wirklich ausschöpfen kannst. Falls ja, erfährst du mehr, wenn du den QR-Code scannst.

Allerdings gibt es einen Wermutstropfen für alle Amex-Fans: Die kleine schwarze Centurion, die sogenannte Karte der Superreichen, gibt es nach wie vor nur auf Einladung.

Miles & More Credit Cards: Must have in Deutschland

Die Miles & More-Kreditkarte der Lufthansa gehört zu den am häufigsten vertretenen Bonusprogrammkarten in Deutschland. Zahlungsdienstleister ist Mastercard. Aktuell bietet Miles & More verschiedene Varianten ihrer Kreditkarte an, darunter Versionen für Selbstständige und Freiberufler, die deutlich bessere Meilenausbeuten ermöglichen als die Privatkarten.

Eigentlich kommst du in Deutschland nicht um eine Miles & More-Gold-Kreditkarte herum, wenn du schnell und optimiert Meilen sammeln möchtest. Mit einer monatlichen Gebühr von 9,16 Euro (also knapp 110 Euro im Jahr) kostet sie nicht mehr als viele Kreditkarten von Banken und bietet dir dennoch eine Vielzahl an Vorteilen und Geschenken, auf die du nicht verzichten solltest.

Die Karte überzeugt mit einem soliden Versicherungspaket, das unter anderem eine Reiserücktrittskosten- und Reiseabbruchversicherung, eine Mietwagenvollkaskoversicherung sowie eine Auslandsreisekrankenversicherung umfasst. Besonders interessant für Meilensammelnde ist der Schutz vor dem drohenden Meilenverfall. Solange du die Karte besitzt, musst du dir darüber keine Gedanken machen – ein zentraler und äußerst attraktiver Vorteil, der die Anschaffung einer Miles & More-Kreditkarte besonders lohnenswert macht.

Wir nutzen die Miles & More-Gold-Kreditkarte seit vielen Jahren und haben sie bei unzähligen Gelegenheiten im Einsatz gehabt – vom morgendlichen Kaffee um die Ecke bis hin zu größeren Anschaffungen. Überall, wo Mastercard akzeptiert wird, setzen wir die Karte ein, um Meilen zu sammeln – egal ob es sich um zwei Euro oder tausend Euro handelt.

Aktuell können wir dir allerdings noch nicht genau sagen, wie die Zukunft der Miles & More-Kreditkarte aussehen wird. Der Grund dafür ist, dass die Karte ab Mitte 2025 von der Deutschen Bank herausgegeben wird. Mit dieser Änderung könnten sich die Konditionen, Gebühren und Vorteile erheblich verändern. Da diese Informationen derzeit noch nicht bekannt sind, bleibt abzuwarten, wie sich die Karte weiterentwickeln wird. Sobald die neuen Details veröffentlicht werden, informieren wir dich natürlich gerne. Bis dahin ist die Karte in ihrer aktuellen Form nach wie vor eine großartige Wahl für alle, die beim Bezahlen Meilen sammeln möchten.

Eurowings Premium: Günstig im Ausland

Die Eurowings-Kreditkarte Premium richtet sich an Meilensammelnde, die mit ihren täglichen Ausgaben Miles & More-Meilen sammeln möchten. Mit einem Willkommensbonus von bis zu 5.000 Meilen bietet die Karte einen attraktiven Einstieg in das Meilensammeln.

Für Einkäufe im Alltag sammelst du 1 Meile pro 2 Euro Umsatz, während bei Buchungen über Eurowings eine doppelt so hohe Gutschrift erfolgt – 2 Meilen pro ausgegebenem Euro.

Ein großer Vorteil der Premium-Karte sind die geringen Nutzungskosten im Ausland: Weder Fremdwährungsgebühren noch Auslandseinsatzentgelte fallen an, und Bargeldabhebungen außerhalb Deutschlands sind ebenfalls kostenlos. Damit ist die Karte besonders für Reisen außerhalb der Euro-Zone geeignet, wo sonst oft hohe Gebühren anfallen.

Neben den finanziellen Vorzügen bietet die Karte praktische Zusatzleistungen. So profitierst du von Fastlane-Zugang an 22 internationalen Flughäfen, kostenfreien Sitzplatzreservierungen und einem Priority Check-in. Diese Services ermöglichen einen schnelleren und bequemeren Ablauf bei Flugreisen und unterstreichen den Premium-Anspruch der Karte.

Im Versicherungsbereich punktet die Eurowings-Kreditkarte Premium mit einer Auslandsreisekrankenversicherung sowie einer Mietwagen-Vollkaskoversicherung, die Schäden bis zu 75.000 Euro deckt. Letztere greift, wenn der Mietwagen mit der Karte bezahlt wurde, wobei eine Selbstbeteiligung von 230 Euro anfällt. Diese Absicherung bietet zusätzlichen Komfort und Sicherheit bei der Reiseplanung.

Die Karte ist im ersten Jahr ohne Jahresgebühr erhältlich. Ab dem zweiten Jahr werden 99 Euro berechnet. Für Meilensammelnde, die viel im Nicht-EU-Ausland unterwegs sind, stellt die Eurowings-Kreditkarte Premium eine lohnenswerte Option dar.

Payback-Kreditkarte: Die Karte für den Einstieg

Entscheidest du dich für eine Payback-Kreditkarte, kannst du zwischen der Payback Visa Flex+ und der Payback-American-Express-Karte wählen.

Werfen wir zuerst einen Blick auf die Visa-Karte. Wenn du innerhalb von drei Jahren wenigstens eine Transaktion auf deinem Konto durchführst, stoppt die Karte deinen Payback-Punkteverfall. Außerdem kannst du weltweit kostenlos Bargeld abheben, es fallen keine Fremdwährungsgebühren an, und es gibt keine Jahresgebühr. Leider erhältst du für deine Ausgaben nur sehr wenige Punkte – für 5 Euro Kartenumsatz gerade einmal einen einzigen Payback-Punkt.

Die Payback Visa Flex+ ist jedoch eine der wenigen echten Kreditkarten im gesamten Punkte- und Meilenportfolio. Sie verfügt über eine Teilzahlungsfunktion: Deine monatliche Rückzahlung per Lastschrift ist auf 10 % beziehungsweise mindestens 25 Euro deines Gesamtsaldos voreingestellt. Innerhalb deines Verfügungsrahmens kannst du zum Beispiel 200 Euro ausgeben, musst aber nur 25 Euro bei der nächsten Abrechnung zurückzahlen. Die Differenz ist dein Kredit. Diesen lässt sich die herausgebende BW-Bank allerdings ordentlich vergüten – aktuell zahlst du darauf 13,15 % Zinsen pro Jahr! Wenn du dein Ausgabeverhalten nicht absolut im Griff hast, möchten wir dir diese Karte nicht ans Herz legen. Die Belohnung in Form von Punkten ist sehr gering, und die Teilzahlungsfunktion kann dich leicht zum unnötigen Geldausgeben verleiten, wodurch erhebliche Mehrkosten durch Zinsen entstehen können.

Das Payback-Portfolio wird von der American Express ergänzt: Diese Karte kostet dich dauerhaft nichts und bringt dir mindestens 1.000 Punkte als Willkommensgeschenk ein. Zusätzlich gibt es eine kostenlose Zusatzkarte, die du an jemanden weitergeben kannst. Diese Person sammelt dann ebenfalls Punkte für dich, kann aber natürlich auch auf deine Kosten einkaufen. Genau wie die Visa Flex+ ist die Payback American Express eine Kombination aus Kreditkarte und normaler Payback-Karte. Das bedeutet, dass du gleichzeitig deinen Einkauf bezahlst und die Punkte dafür sammelst.

Theoretisch kannst du mit dieser Karte auch Produkte direkt mit Punkten bezahlen. Du erhältst einen Punkt pro 2 Euro Umsatz, selbst wenn du nicht bei Payback-Partnern einkaufst. Auch diese Karte verhindert deinen Punkteverfall, sofern du mindestens alle drei Jahre einen Punkt sammelst. Darüber hinaus bietet sie eine Vielzahl nützlicher Vorteile, wie Einkaufsversicherungen, Kartenmissbrauchsschutz und eine Service-Hotline.

Für uns ist die Payback American Express die Standardkarte, die in jedes Portemonnaie gehört.

Hilton-Honors-Kreditkarte: Jetzt gibt's das Frühstück gratis

Die neue Hilton-Honors-Kreditkarte der Advanzia Bank bleibt eine attraktive Option, wenn du regelmäßig bei Hilton übernachtest. Mit der Karte erhältst du weiterhin automatisch den Hilton-Honors-Gold-Status, der dir Vorteile wie kostenloses Frühstück, Zimmer-Upgrades und den *5th Night Free Award* bietet. Als Neukunde bekommst du aktuell einen Willkommensbonus von 6.000 Hilton-Honors-Punkten.

Mit der Karte sammelst du für jeden Euro Umsatz 1 Hilton-Honors-Punkt. Wenn du direkt in Hilton-Hotels zahlst, erhältst du sogar 2 Punkte pro Euro. Allerdings sind die Anforderungen für Prämiennächte relativ hoch, weshalb das Sammeln von Punkten abseits von Hotelbuchungen nur bedingt lohnenswert ist.

Ein positiver Aspekt ist das integrierte Versicherungspaket. Dieses umfasst unter anderem eine Auslandshaftpflicht-, Reisekranken- und Gepäckverspätungsversicherung. Voraussetzung dafür ist, dass du mindestens 50 % der Reisekosten mit der Karte begleichst. Außerdem fallen keine Auslandseinsatzgebühren an – ein Vorteil, der bei vielen anderen Kreditkarten zusätzlich berechnet wird.

Wenn du den Hilton-Honors-Diamond-Status anstrebst, kann dir die Karte dabei helfen, dieses Ziel schneller zu erreichen. Anstelle der üblichen 60 Nächte in Hilton-Hotels benötigst du nur 40 Nächte. Alternativ kannst du den Status auch durch deinen Karteneinsatz erreichen: Für je 5.000 Euro Umsatz werden dir fünf qualifizierende Nächte angerechnet. Mit einem Jahresumsatz von 40.000 Euro erreichst du so den Diamond-Status. Wichtig zu beachten ist, dass Einzahlungen auf Konten wie PayPal oder Revolut nicht in den Umsatz einfließen.

Die Karte hat jedoch auch ihre Schwächen. Die Jahresgebühr wurde von 48 Euro auf 72 Euro erhöht. Diese Erhöhung mag durch die enthaltenen Versicherungen gerechtfertigt sein, ist aber dennoch spürbar.

Ein weiterer Nachteil sind die hohen Sollzinsen von 24,69 %, die bei Zahlungsverzug oder ab dem Zeitpunkt der Bargeldabhebung bis zum Ausgleich der Kreditkartenabrechnung anfallen. Diese Kosten sind enorm hoch, daher solltest du unbedingt darauf achten, deine Karte rechtzeitig auszugleichen, um unnötige Zinsen zu vermeiden.

Wenn du häufig in Hilton-Hotels übernachtest, kannst du mit der Hilton-Honors-Kreditkarte von Vorteilen wie dem Gold-Status und den Versicherungsleistungen profitieren. Besonders lohnenswert ist die Karte, wenn du den Diamond-Status anstrebst oder regelmäßig in Hilton-Hotels unterwegs bist.

Revolut RevPoints: Der flexible Newcomer

Mit Revolut RevPoints kannst du Punkte sammeln, ohne groß nachzudenken – fast wie ein Bonus für deinen Alltag. Ob beim Einkaufen, Reisen oder durch clevere Funktionen, RevPoints begleitet dich unaufdringlich und bietet dir spannende Möglichkeiten, deine gesammelten Punkte sinnvoll einzusetzen. Das Programm kannst du direkt in der Revolut-App aktivieren, und schon kannst du loslegen.

Das Prinzip

Wie du Punkte sammelst, ist simpel: Jede Transaktion mit deiner Revolut-Karte bringt dir Punkte. Je nach deinem Kartenabo fällt der Punktestand unterschiedlich aus. Standard- und Plus-Nutzer erhalten 1 Punkt pro 10 Euro Umsatz, während Ultra-Karteninhaber mit 1 Punkt pro ausgegebenem Euro belohnt werden. Keine Sorge, auch kleine Beträge zählen! Ein Snack im Café oder eine kurze Bahnfahrt – all das trägt zu deinem Punktestand bei.

Wenn du möchtest, kannst du mit der Wechselgeld-Funktion sogar noch mehr Punkte herausholen. Dabei wird jede Zahlung auf den nächsten Euro aufgerundet, und für den Aufrundungsbetrag erhältst du Punkte – 50 RevPoints für 1 Euro. Das klingt erstmal wenig, aber mit einem Multiplikator von bis zu 10 kannst du deine Punkte bei jeder Transaktion erheblich steigern. Stell dir vor, du rundest 90 Cent auf und nutzt den 10-fach-Multiplikator – das bringt dir 450 Punkte. Klingt praktisch, oder?

Mit dem Points Pocket kannst du dein Geld sogar für dich arbeiten lassen. Es funktioniert ähnlich wie ein Tagesgeldkonto, aber anstelle von Zinsen erhältst du Punkte. Je mehr Guthaben du hast, desto mehr Punkte kannst du verdienen. Schon mit einem Guthaben von 10.000 Euro kannst du im Jahr 14.400 Punkte sammeln. Dabei bleibst du flexibel und kannst dein Geld jederzeit wieder abheben.

Es gibt noch weitere Möglichkeiten, Punkte zu sammeln. Revolut bietet regelmäßig Herausforderungen an, bei denen du zusätzliche Punkte verdienen kannst. Auch für die Weiterempfehlung der App an jemanden in deinem Freundeskreis erhältst du eine Belohnung. Das ist eine einfache Möglichkeit, deinen Punktestand zu erhöhen.

Wenn du über die Revolut-App Hotels buchst oder Aktivitäten planst, erhältst du sogar doppelte Punkte. Egal, ob ein Wochenendtrip oder ein Abenteuerurlaub – deine Ausgaben verwandeln sich in noch mehr RevPoints.

Punkte für Flüge nutzen

Eine der besten Möglichkeiten, deine RevPoints zu nutzen, ist der Transfer zu Airline-Partnern. Obwohl einige bekannte Programme wie Miles & More ausgeschlossen sind, eröffnen Partnerschaften mit SkyTeam, oneworld und der Star Alliance Zugang zu fast 100 Fluggesellschaften. Übertragungen zu Programmen wie Flying Blue, Avios oder Miles&Smiles von Turkish Airlines ermöglichen es dir, Punkte in Meilen umzuwandeln und günstige Flüge zu buchen. Besonders praktisch: Meilen lassen sich oft flexibel zwischen Partnerprogrammen tauschen.

RevPoints ist ein noch sehr junges Bonusprogramm. Egal, ob du viel reist, sparsam bist oder einfach ab und zu ein kleines Extra mitnehmen möchtest – mit Revolut RevPoints kannst du immer Punkte sammeln und von deinen Ausgaben profitieren.

Sag deine Meinung

... und bekomme gratis einen Business-Class-Flug im Jahr

Gehst du manchmal ins Fitnessstudio und machst Cardio-Übungen auf dem Fahrrad? Oder lümmelst du auf der Couch herum, schaust einen Skandinavien-Krimi in der Mediathek und achtest gar nicht richtig auf die Handlung? Oder vielleicht langweilst du dich manchmal einfach nur ein bisschen?

In dieser Zeit könntest du dir ohne großen Aufwand etwas dazuverdienen. Vorgestern haben wir von einer Followerin eine E-Mail erhalten, in der berichtet wurde, wie sie auf diesem Wege zu einem Business-Class-Ticket nach New York gekommen ist. Mit der Teilnahme an Umfragen hat sie in einem Jahr 92.000 Punkte gesammelt – ganz einfach nebenbei, immer dann, wenn sie gerade nichts Besseres zu tun hatte.

Das Payback Panel, zu dem du mit etwas Glück eingeladen wirst, haben wir dir ja bereits vorgestellt. Mit e-rewards und anderen

Umfrageseiten (wie YouGov, respondi oder i-say – schau sie dir einfach mal an) gibt es jedoch noch interessantere Alternativen. Werfen wir beispielhaft einen genaueren Blick auf e-rewards.

Auch bei e-rewards musst du dich zuerst über einen der Partner registrieren, aber das ist einfacher als beim Payback Panel. Bei ALL von Accor hast du meistens die Möglichkeit dazu. Anschließend bekommst du regelmäßig Umfragen vorgeschlagen. Ob du daran teilnehmen möchtest oder nicht, entscheidest du jedes Mal neu.

Jedes Mal, wenn du in der Marktforschungs-Community mitmachst, erhältst du sogenannte Opinion Points als Belohnung für deinen Zeitaufwand. Sobald du genügend Punkte gesammelt hast, kannst du sie in Prämien oder in Punkte bzw. Meilen bei den Partnern von e-rewards umtauschen.

Welche Partner dir zur Verfügung stehen, hängt davon ab, über wen du dich angemeldet hast. Leider ist die Auswahl manchmal nicht optimal. Für deine Umfrageteilnahme wirst du bei e-rewards jedoch ordentlich belohnt, sodass du recht schnell viele Punkte sammeln kannst. Solltest du am Anfang einer Umfrage aussortiert werden, weil schon genügend Antworten von Teilnehmenden mit ähnlichem Profil vorliegen, gehst du nicht leer aus – du bekommst trotzdem immer einige Punkte gutgeschrieben.

Die Umrechnungskurse der verschiedenen Programme sind sehr unterschiedlich. Für 2.000 Opinion Points gibt es beispielsweise 1.000 Hilton-Honors-Punkte. Wandelst du 8.000 Punkte um, erhältst du sogar 7.000 Punkte als Gegenwert. Bei IHG Rewards bekommst du für 3.000 Opinion Points lediglich 1.000 Punkte, und beim Boomerang Club von Eurowings liegt das Umrechnungsverhältnis bei 4:1. Alternativ kannst du dir deine Punkte auch in

Gutscheinen auszahlen lassen: Für 20 Euro bei Amazon benötigst du 8.250 Punkte, bei Zalando 8.000 Punkte.

Die 92.000 Opinion Points unserer Followerin hätten bei Amazon einen Wert von rund 220 Euro, bei Zalando von etwa 230 Euro. Aber wie kam sie zu einem Business-Class-Ticket nach New York? (Übrigens: Ihr Flug hätte fast 3.000 Euro gekostet!) Sie hat ihre Points in Avios bei Iberia umgewandelt. Für 2.000 Opinion Points erhält sie 750 Avios. Für die Strecke von Madrid nach New York werden 34.000 Avios und etwa 105 Euro an Steuern und Gebühren fällig.

Auf diese Weise hat sie sich in einem Jahr auf dem Ergometerfahrrad fast 2.900 Euro zusammengespart! Das können wir auch – vorausgesetzt natürlich, wir teilen die Leidenschaft für bequeme Flüge. Selbst wenn wir unsere Punkte lieber in Einkaufsgutscheine umwandeln möchten, hätten wir damit jeden Monat einige Euro mehr zum Ausgeben.

Jetzt ab in die Business Class

Auf Los geht's los

Erinnerst du dich gern an deinen letzten Flug? Hat die freundliche Flugbegleiterin dich mit Namen begrüßt und dir vor dem Start ein Glas Champagner serviert? Oder fallen dir zuerst die blauen Flecken an den Knien ein, weil du aufgrund des extrem engen Sitzabstandes damit immer wieder gegen den Tisch gestoßen bist?

Wenn Letzteres dein erster Gedanke ist, dann gehört das ab jetzt der Vergangenheit an. Denn: Du fliegst ganz bald in der Business oder der First Class in den Urlaub.

Ein Ziel vor Augen

Setze dir ein schönes, aber realistisches Ziel. Wenn du all das wirklich umsetzt, was wir dir hier empfehlen, dann wirst du in zwölf Monaten 55.000 Meilen auf deinem Miles & More-Konto haben. Das reicht für einen Flug in der Business Class der Lufthansa oder Austrian Airlines mit den Meilenschnäppchen in die USA. New York, Miami, Los Angeles – wo immer die Reise auch hingeht, du wirst gegenüber dem günstigsten Tarif, den du kaufen könntest, sehr viel sparen.

Es gibt unzählige Möglichkeiten, diese Meilen zu sammeln. Beim Fliegen natürlich, aber auch beim Einkaufen. Jeder kann die ausreichende Anzahl zusammenbekommen – und sogar ganz ohne zu fliegen und ohne unnötige Dinge zu kaufen oder mehr Geld als nötig auszugeben.

Aber wie geht das, ohne oft und teuer zu fliegen?

Neben Miles & More ist Payback deine Eintrittskarte in die Business Class. Deine Payback-Punkte kannst du im Verhältnis 1:1 in Miles & More-Prämienmeilen umwandeln. Dafür aktivierst du nicht den automatischen Transfer, sondern wartest auf einen günstigen Moment zum Punktetausch. Manchmal gibt es einen Bonus von bis zu 25 %, wenn du deine Payback-Punkte in Meilen umwandelst.

Aber erst einmal musst du überhaupt ausreichend Punkte und Meilen sammeln.

Das Allerwichtigste ist: Sag dir einfach, dass du es schaffst! Die meisten Leute, die wir kennenlernen, behaupten: »Ich schaffe das sowieso nicht« und fangen dann leider gar nicht erst mit dem Sammeln an. Aber da das schlicht eine leichtfertige Selbsttäuschung ist, solltest du ihr nicht erliegen. Also: Du schaffst das, basta!

Jetzt geht's los!

Folge unserem Motto: »Ab sofort keine einzige Meile, keinen einzigen Punkt, keinen einzigen Bonus mehr liegenlassen!« Jeder Punkt zählt. Du wirst Tausende davon sammeln, allein durch Optimieren und Kombinieren. Jetzt, wo du das Geheimnis kennst, startest du am besten sofort.

Wenn du es noch nicht bist, werde jetzt Payback-Mitglied. Bestelle dir deine beiden Payback-Karten nach Hause, die du prompt an zwei Personen aus deinem Freundes- oder Bekanntenkreis weitergibst, damit diese mit dir zusammen Punkte für dich sammeln (es sei denn, sie wollen gemeinsam mit dir in der Business Class fliegen). Du selbst hast noch eine Karte in der Payback-App, die du natürlich längst auf dein Handy geladen hast.

Einkaufsverhalten anpassen

Du wirst nun in den nächsten Wochen und Monaten dein Einkaufsverhalten etwas verändern. Es ist nämlich sehr wichtig, was, wann, wo und wie viel du einkaufst – und vor allem, wie du zahlst.

Ab jetzt ist das Zahlen mit Bargeld für dich weitestgehend passé. Überall, wo es geht, bezahlst du von jetzt an mit Payback Pay. Und überall, wo das nicht geht, benutzt du deine Miles & More- oder Payback-Kreditkarte.

Wir sind auf unseren Reisen immer wieder erstaunt, mit welcher Selbstverständlichkeit anderswo bargeldlos gezahlt wird. In Manhattan wundert sich niemand darüber, wenn du im Spätkauf deine Flasche Mineralwasser für umgerechnet einen Euro mit Karte zahlst. Nur bei uns wirst du noch komisch angeguckt. Das kann dir aber völlig egal sein, denn derjenige wird sich wohl weiter die Knie im Flugzeug stoßen – genau in dem Moment, in dem du dein Vier-Gänge-Menü genießt.

Kein Betrag zu klein

Merke dir, dass ab jetzt keine Ausgabe mehr zu klein ist, um sie mit Karte oder App zu zahlen. Stell dir zum Beispiel vor, du kaufst dir jeden Morgen auf dem Weg zur Arbeit im Backshop deines Supermarktes für jeweils zwei Euro Brötchen. Das macht 10 Euro in der Woche und etwa 480 im Jahr. Deine Urlaubszeit haben wir einfach mal abgezogen. 480 Euro entsprechen, je nach Zahlart, bis zu 480 Meilen. Das wären schon genauso viele Meilen, wie du für zwei innerdeutsche Flüge im günstigsten Tarif bekommen würdest. Du siehst also, wie viel Potenzial schon in deinen kleinen Ausgaben steckt.

Die richtige Kreditkarte

Bevor du deine Kreditkarte einsetzen kannst, musst du aber erst die richtige im Portemonnaie haben. Wenn du noch keine Karte besitzt, mit der du Punkte und Meilen sammeln kannst, wird es jetzt höchste Zeit, die für dich passende zu beantragen. Die Miles & More-Kreditkarte sollte auf jeden Fall dabei sein.

Einkäufe planen

Gewöhne dich daran, deine Einkäufe ab sofort zu planen.

Erstelle eine Liste mit allen Familienmitgliedern, Personen aus deinem Freundes- und Bekanntenkreis, denen du in den nächsten zwölf Monaten etwas schenken willst. Schreibe dir auf, welche größeren Anschaffungen ins Haus stehen – vom Wäschetrockner bis zum Kühlschrank. Überlege, ob du vielleicht eine neue Versicherung benötigst oder ob es Zeit wird, den Stromanbieter oder die Bank zu wechseln, weil eine andere bessere Konditionen bietet – all das kann und wird dein Meilenkonto füllen.

Denke daran, auch immer die Bonusprogramme untereinander zu vergleichen. Es kann sein, dass du in der gleichen Woche beim Online-Shopping über Miles & More ein Vielfaches der Punkte beim gleichen Shop bekommen kannst, als würdest du ihn über Payback besuchen.

Ab sofort kaufst du nicht mehr in dem Moment ein Geschenk, in dem der Geburtstag der Tante ansteht, sondern dann, wenn es eine Promotion gibt und du 5-, 10-, 15- oder manchmal sogar 50-fache Punkte abstauben kannst. Achte dabei darauf, dass du immer auch die Preise vergleichst, und vermeide es, für mehr Punkte mehr zu zahlen. Meist ist das überhaupt nicht notwendig. Genauso wie mit den Geschenken verhält es sich mit fast allen Anschaffungen, die du machen musst und möchtest.

Was bedeutet Planen und Optimieren für deinen Alltag?

Nimm einmal an, dass du in der Drogerie 10-fache Punkte auf eine Seife und zusätzlich 5-fache Punkte auf den gesamten Einkauf bekommst. In diesem Moment solltest du bestenfalls direkt mehrere Packungen Seife kaufen, da diese einfach zu lagern sind, nicht schlecht werden und du sie früher oder später sowieso verbrauchst. Vor allem gibst du hier kein zusätzliches Geld aus, denn ob du jeden Monat eine Seife kaufst oder alle sechs Monate sechs Stück, läuft im Endeffekt auf das Gleiche hinaus. In beiden Fällen gibst du 20 Euro aus, jedoch bekommst du einmal nur 20 Punkte dafür, das andere Mal satte 300.

Die Möglichkeit, deine Punkteausbeute durch Planung und Optimierung zu steigern, ist wirklich enorm und nie zu unterschätzen. So haben wir bei einem unserer letzten Einkäufe im Supermarkt beispielsweise 34 Euro ausgegeben, aber 155 Punkte gesammelt! Und das ging so: Für 2 Euro bekommt man ohnehin immer 1 Punkt aufs Punktekonto, so hatten wir also bereits 17 Punkte sicher. Dazu war gerade ein Punktemultiplikator auf Tiefkühlgemüse ausgeschrieben. Da wir das schon seit einer Woche wussten, haben wir unsere Gefriertruhe vorsorglich entsprechend geleert und konnten uns so mit nur zwei Packungen 60 Zusatzpunkte sichern. Einen weiteren 10-fachen Multiplikator gab es auf Wein und Sekt, also haben wir zwei Flaschen Sekt als Mitbringsel für die Party einer Freundin in vier Wochen besorgt – und damit weitere 27 Zusatzpunkte verdient. Außerdem kam ein dreifacher Punkte-Boost auf unseren gesamten Einkauf hinzu. Das ist zwar nicht besonders viel, aber so gab es noch einmal 34 Bonuspunkte. Und da wir unseren

Einkauf mit Payback Pay bezahlt haben, bekamen wir doppelte Punkte – das ist immer so. So schnell werden aus 17 Punkten 155.

Wie gehst du vor?

Ein wenig Vorausplanung ist notwendig. Für frühere Generationen war das völlig normal, nur in der heutigen Zeit spielt es keine große Rolle mehr, weil alles jederzeit und immer verfügbar zu sein scheint und meist auch gleich um die Ecke liegt. Auf deinem Weg in die Business Class ist das jedoch wichtig. Zur Planung gehört auch das Kombinieren. Zum Kombinieren ist wichtig, wie viel du kaufst, wann du kaufst, wie du zahlst und welche Coupons du zusätzlich einsetzt.

Neben der Menge musst du auch auf den Zeitpunkt deines Einkaufs achten. Es gibt häufig bis zu 1.000 zusätzliche Payback-Punkte für einen einzigen Einkauf. Diese Aktionen sind an bestimmte Coupons und Zeiträume gekoppelt. So kannst du zum Beispiel von Montag bis Donnerstag 1.000 Punkte extra bekommen, wohingegen du nur mit der Standardgutschrift abgespeist wirst, wenn du in der Woche eben erst am Freitag oder Samstag einkaufen gehst.

Coupons sind grundsätzlich bei der Planung deiner Einkäufe zu berücksichtigen. Du bekommst sie per Post, online oder in der App. Es lohnt sich für dich, hier den Überblick zu bewahren. Um dir dabei zu helfen, gibt es unseren Member-Service. Meldest du dich mit deinem Code für diesen Service an, bekommst du stets einen aktuellen Überblick über die derzeit lukrativsten Aktionen, die du nutzen solltest, um mehr Punkte für das gleiche Geld zu bekommen.

Meilen und Punkte ganz umsonst? Das geht!

Besser als Punkte für Geld sind noch Meilen oder Punkte, die du ganz umsonst bekommst. Zum Beispiel, wenn du gewinnst, Miles & More dir Extra-Meilen für das Umtauschen von Payback-Punkten bietet oder auch, wenn du in einem Hotel geschlafen hast und deine Meinung mit anderen teilst. Mach so oft es deine Zeit erlaubt bei diesen Aktionen mit, getreu dem Motto: »Keine Meile liegen lassen!« Günstiger geht es nicht.

Vergleiche eine Hotelkritik einmal mit einem innerdeutschen Flug. Nimm als Grundlage einen sehr günstigen Preis in Höhe von 109,07 Euro. Leider bekommst du Prämienmeilen nur auf den Ticketpreis ohne Steuern und Gebühren. Bleiben dir 66 Euro, die du mit dem Faktor 4 multiplizierst. So landen etwas mehr als 260 Meilen auf deinem Konto. Im Vergleich dazu bekommst du für eine Hotelbewertung, die du in rund 15 Minuten schreibst, mindestens 100 Meilen. Mit drei Bewertungen oder 45 Minuten Zeitaufwand hast du so schon mehr Meilen zusammen als mit dem Flug.

Freunde einbeziehen

Außerdem gilt, dass du deine Freunde und Bekannten in dein Vorhaben einbeziehen solltest. Nicht nur, um mit ihnen die Sammelbegeisterung zu teilen, sondern auch, weil du für die Empfehlung von Kreditkarten ebenso mit Meilen und Punkten belohnt wirst. So kannst du manchmal über 20.000 Meilen als Bonus bekommen, nur weil ein Familienmitglied auf deine Empfehlung hin eine Kreditkarte beantragt. Meistens wird auch der neue Kartenbesitzer mit einem Meilenbonus zur Begrüßung bedacht.

Regelmäßige Kontrolle ist wichtig

Vertrauen ist gut, Kontrolle ist besser. Überprüfe regelmäßig, am besten einmal pro Woche, deine Kontostände bei Payback und Miles & More. Das wird dir jede Woche mehr Spaß bereiten, weil du siehst, dass du deinem Business-Class-Flug immer näher kommst. Gleichzeitig kannst du so immer leicht überprüfen, ob du auch wirklich alle Punkte bekommen hast, die dir zustehen. Wenn dir Einkäufe und Bonuspunkte nicht gutgeschrieben werden, reklamiere das auch. Achte dabei darauf, dass es manchmal bis zu zwei Monate dauern kann, bis Punkte auf deinem Konto sichtbar sind und bis du über manche Bonuspunkte wirklich verfügen kannst.

Jetzt kann es losgehen!

Mache dich gleich auf den Weg! Die Checkliste für die ersten drei Wochen wird dir helfen, dich schnell daran zu gewöhnen, durch ein paar kleine Änderungen einen großen Schritt zu machen – in die Business Class.

PS:

Wir sind uns sehr sicher, dass du in den nächsten Monaten genügend Punkte und Meilen sammelst, um dir dein Meilenschnäppchen zu gönnen. Wenn du das so umsetzt wie wir, gelingt dir das, ohne mehr Geld auszugeben oder auch den einen oder anderen Kauf zu tätigen, den du eigentlich gar nicht tätigen wolltest. Vielleicht möchtest du dich aber auch gar nicht allein in der Business Class verwöhnen lassen, sondern lieber jemanden, der dir lieb ist, mit dieser Traumreise überraschen. Auch hierfür gibt es die passende Lösung. Entweder verlängerst du einfach den Sammelzeitraum, probierst dein verkäuferisches Talent aus und begeisterst ein paar mehr Bekannte für das Meilensammeln mit Kreditkarten, oder du investierst doch ein paar Euro zusätzlich.

Mit dem Abonnement von Zeitschriften und Zeitungen kannst du übrigens schnell erheblich viele Meilen einstreichen. 10.000, 50.000 oder auch 70.000 Meilen auf einen Schlag sind keine Seltenheit. Dafür musst du dann aber auch die Abogebühren zahlen. Du hast einen guten Deal gefunden, wenn du für eine Meile umgerechnet einen Cent oder etwas mehr ausgibst. Viel mehr darf es nicht sein. Mit Abos kommst du noch immer um Längen günstiger in die Business Class als mit einem bezahlten Flugticket.

Kickstart: Deine To-do-Liste für die ersten vier Wochen

WOCHE 1

- ❑ Erledige immer alle To-dos und hake sie ab. Nur so bist du optimal aufgestellt, um schnell maximal viele Punkte und Meilen zu sammeln. Die Zeit, die du investierst, sparst du durch weniger verlorene Lebenszeit im Supermarkt wieder ein. Außerdem wirst du vielfach belohnt.
- ❑ Melde dich für den Upgrade-Guru-Newsletter an (QR-Code am Ende des Buches).
- ❑ Lade unsere App *Million Points Club* herunter, verfolge deinen persönlichen Fortschritt zum Meilen-Millionär und erfahre immer zuerst von den wichtigsten Aktionen, um dein Ziel zu erreichen.
- ❑ Hast du Instagram? Abonniere *Upgrade Guru, AlexV & Jonas Moll* und stelle sicher, dass die Beiträge immer angezeigt werden.
- ❑ Melde dich bei Payback an, falls du dort noch kein Mitglied bist. Schau vorher auf den Webseiten von EDEKA, dm oder Netto, ob es gerade eine Promotion gibt, bei der du mehr kostenlose Punkte zur Begrüßung bekommst.

- ☐ Lade die Payback-App auf dein Handy und aktiviere sie. Schau montags und donnerstags in deine Coupons – bei Sonderaktionen auch täglich. Aktiviere am besten alle, die dir angezeigt werden, um keinen Bonus zu verpassen.
- ☐ Beantrage die dauerhaft kostenlose Payback-American-Express-Kreditkarte. Schon zur Begrüßung erhältst du mindestens 1.000 Payback-Punkte geschenkt. Außerdem sammelst du bei Payback-Partnern ab sofort doppelt, und deine Punkte verfallen nicht mehr! Noch viel wichtiger: Du gewöhnst dich schnell an das bargeldlose Bezahlen und sammelst so mehr Punkte als bisher.
- ☐ Aktiviere in der Payback-App auch Payback Pay. Das ist kostenlos und funktioniert ähnlich wie eine EC-Karte im Handy. Durch das Hinterlegen deiner Bankverbindung wird der Betrag an der Kasse von deinem Konto abgebucht. Du kannst auch eine punkte- oder meilenfähige Kreditkarte hinterlegen und kassierst doppelt. Für Einkäufe bei einigen Payback-Partnern erhältst du in unregelmäßigen Abständen wertvolle Bonuspunkte.
- ☐ Erstelle eine Liste deiner Freunde und Familienmitglieder, die du fragst, ob sie schon Payback-Punkte sammeln.
- ☐ Bist du Miles & More-Mitglied? Wenn nicht, wird es höchste Zeit. Lade die Miles & More-App auf dein Handy, bestelle unseren Miles & More-Newsletter und erhalte für beide Aktivitäten zusammen deine ersten 1.000 Meilen.
- ☐ Melde dich bei Shoop und mycashbacks an und erhalte auf deine Online-Einkäufe Geld zurück. Das ist besonders wichtig, wenn du keine Payback-Punkte oder Miles & More-Prämienmeilen sammeln kannst oder möchtest. Wenn du unsere Einladungen (check den QR-Code am Ende des Buches) nutzt, erhältst du für die Anmeldungen zusätzlich Geld auf dein Konto.

- ❑ Fang an, deine Einkäufe der nächsten Wochen nach unserem System vorauszuplanen. Gehe nur ein- oder maximal zweimal in der Woche einkaufen. Das spart dir Zeit und erhöht deine Ausbeute an Punkten und Meilen.
- ❑ Leg dir ein Sparbuch zu: Ein echtes oder ein digitales Notizheft, in dem du immer einträgst, wenn du Geld gespart oder Punkte und Meilen gesammelt hast.

WOCHE 2

- ❑ Lies den Upgrade-Guru-Newsletter und gehe mehrmals die Woche in die *Million-Points-Club*-App, um auf dem neuesten Stand zu bleiben.
- ❑ Gleiche deine Einkaufspläne mit den Infos aus dem Newsletter ab.
- ❑ Erstelle eine Liste aller Geschenke, die du in diesem Jahr machen möchtest, und schreibe auch größere Anschaffungen (zum Beispiel Smartphone, Kamera, Waschmaschine) auf, die in den nächsten zwölf Monaten anstehen.
- ❑ Plane deine Wocheneinkäufe und vergleiche kurz die Möglichkeiten, Punkte und/oder Meilen zu sammeln oder Cashback zu erhalten. Vergiss nicht, deine Payback-Coupons zu aktivieren und unseren Coupon-Insidertipp zu nutzen.
- ❑ Bewahre deine Quittungen und Kassenbons auf, bis die Meilen und Punkte auf deinem Konto verbucht sind.
- ❑ Mache Screenshots von Online- und App-Einkäufen, die du über Payback tätigst.
- ❑ Fährst du öfter mit der Bahn? Dann stelle sicher, dass du auch bei BahnBonus angemeldet bist.

- ❑ Suche dir ein Hotelprogramm aus, das zu deinen Reisegewohnheiten passt.
- ❑ Melde dich bei e-rewards an. Schließe deine erste Umfrage ab und kassiere die ersten Punkte.
- ❑ Sprich zwei deiner Liebsten aus dem Freundes- oder Familienkreis an, die sich (noch) nicht fürs Sammeln begeistern können, und bitte sie, mit deiner Payback-Karte für dich zu sammeln. Oder erledige Einkäufe für sie.
- ❑ Trage deine Cashback-Ersparnisse in dein Sparbuch ein.

WOCHE 3

- ❑ Checke täglich die *Million-Points-Club*-App, um auf dem neuesten Stand zu bleiben.
- ❑ Gleiche deine Einkaufspläne mit den Tipps in der App, dem Upgrade-Guru-Newsletter, deinen Coupons und deinen Cashback-Portalen ab.
- ❑ Wenn deine Payback-Karten angekommen sind, rüste zwei deiner Liebsten aus deinem Freundes- und Familienkreis damit aus. Nutze selbst die Karte, die in der App integriert ist.
- ❑ Wähle eine zusätzliche Kreditkarte passend zu deinen Interessen aus. Wir empfehlen dir die Miles & More-Gold-Kreditkarte, wenn es einen guten Bonus gibt. Nutze einfach den QR-Code auf Seite 202, um zu sehen, wie viele Meilen du gerade bekommen kannst.
- ❑ Wenn deine Kreditkarten ankommen, zahle ab sofort alle deine Einkäufe damit. Vergiss nicht, die Karte auch bei PayPal zu hinterlegen, und nutze sie für alle anderen alltäglichen Ausgaben.

- ❑ Hast du dir alle Punkte und Meilen gesichert, die du kostenlos bekommen kannst? Eine Umfrage gemacht? An einem Gewinnspiel teilgenommen? Jemanden aus dem Freundeskreis geworben?
- ❑ Checke regelmäßig dein Payback- und Miles & More-Konto und freue dich über deine bereits gesammelten Punkte und Meilen. Verbinde deine Konten mit der *Million-Points-Club*-App.
- ❑ Kontrolliere einmal pro Woche deine Kontostände und reklamiere fehlende Meilen und Punkte.
- ❑ Trage deine gesammelten Punkte und Cashback-Ersparnisse in dein Sparbuch ein.
- ❑ Keine Kompromisse machen! Keinen Punkt und keine Meile liegenlassen!

WOCHE 4

- ❑ Lies den Newsletter und checke die App, um auf dem neuesten Stand zu bleiben.
- ❑ Plane deine maximal zwei wöchentlichen Einkäufe und gleiche deine Einkaufspläne mit dem Newsletter, deinen Coupons und deinen Cashback-Portalen ab.
- ❑ Wenn deine Miles & More-Gold-Kreditkarte angekommen ist, nutze sie für alle deine Einkäufe.
- ❑ Empfiehl einem Familienmitglied oder jemandem aus deinem Freundeskreis die Cashback-Portale, die du nutzt. Für jede Empfehlung erhältst du einen Bonus. Einen aktuellen Überblick der Portale findest du ab Seite 111.

- ❑ Trage deine gesammelten Punkte, Meilen und Cashback-Ersparnisse in dein Sparbuch ein. Es müsste inzwischen schon eine ganze Menge zusammengekommen sein.
- ❑ Wir interessieren uns sehr dafür, wie du vorankommst. Du kannst gerne eine E-Mail schreiben an info@upgradeguru.de – wir bemühen uns, dir schnell zu antworten.
- ❑ Tausche dich mit anderen in der *Million-Points-Club*-App aus.
- ❑ Keine Kompromisse machen! Keinen Punkt und keine Meile liegenlassen! Nur wenn du alle Aufgaben erledigst, wirst du schnell zum Meilen-Millionär!

SCAN ME

Danksagungen

Ulf-Gunnar Switalski

Umarmungen gehen an: meine Mutter und meinen Vater für all die Freiheit, die ihr mir gegeben und mich gelehrt habt. Die Pan Am, ohne die es meine Leidenschaft für Meilen vielleicht nicht geben würde. Tibor Hoffmann, Marcel, Dominic und Marvin für die Unterstützung beim Aufbau von Upgrade Guru. Le Monsieur Machado für Alles und Projekt 90. Anja B., Andrea F., Alberto P., Detlef S., Holger St., Matthias S., Rolf Sch., Leo Z. und all meine weiteren Freunde und Freundinnen, die mich oft schon seit Jahrzehnten begleiten und aushalten. Georg, Christian, Uli und dem gesamten Team bei NXT LVL. AlexV und Jonas Moll, für die neuen, wertvollen Impulse und eure Freundschaft. Meinen Partnern in der Loyalty-Welt und vor allem euch, meinen treuen Followern und neuen Meilen-Millionären – eure Business- und First-Class-Flüge sind das Elixier meiner Mission. Danke.

Alexander Reckhaus
Ein großes Dankeschön geht raus an: Ulf-Gunnar Switalski für den guten Rat und die tolle Unterstützung bei der Umsetzung dieses Projekts; Flemming-Ole Fries und Marie Dahmen, meine treuen Partner, die mich bei der Umsetzung meiner Videos und Weltreisen unterstützen; meine Managerin Lena Sophie Fisches; Sebastian Kolb, Inhaber der AzureAgency GmbH und natürlich an alle, die meine Inhalte verfolgen und unterstützen, egal auf welcher Plattform – ihr macht das alles erst möglich. Danke!

Jonas Moll
An dieser Stelle möchte ich mich bei allen Menschen bedanken, die mich auf meinem Weg die letzten Jahre begleitet haben.

Besonderer Dank gilt meiner Mutter Petra, die mich seit Tag 1 unterstützt, meinem Vater Peter für die ständige Ermutigung und meinem Bruder Clemens.

Ein herzliches Dankeschön auch an Ulf-Gunnar Switalski, der uns alle zusammengebracht hat, sodass dieses Buch entstehen konnte.

Last but not least danke ich meiner Community – ohne euch hätte dieses Werk keinen Sinn. Ich hoffe, dass ihr Freude beim Lesen habt und dass die Learnings, die wir vermitteln wollten, bei euch ankommen.

Danke, dass ihr ein Teil dieses Projekts seid.

Über die Autoren

Ulf-Gunnar Switalski

Ulf-Gunnar Switalski, geboren 1964, ist ein führender deutscher Loyalty Experte. Er beschäftigt sich seit mehr als 35 Jahren mit Bonusprogrammen und gibt sein Wissen regelmäßig in seinem Online-Magazin upgradeguru.de und Kolumnen für andere Medien an Verbraucher weiter.

Er ist Gründer der Bonus Awards, die größten Loyalty Awards in Deutschland, Belgien und den Niederlanden. Mehr als acht Monate im Jahr verbringt er auf Reisen und hat bei zahlreichen Hotelketten und Airlines den höchsten Elite-Status inne.

Jonas Moll

Jonas Moll ist ein vielseitiger und engagierter Reise-Influencer, Content Creator und Unternehmer, der mit seinen außergewöhnlichen Projekten und seiner inspirierenden Persönlichkeit eine große Fangemeinde aufgebaut hat.

Große Bekanntheit erlangte er unter anderem durch eine bemerkenswerte Wanderung: 1250 Kilometer zu Fuß quer durch Deutschland, mit der er Spenden für krebskranke Kinder sammelte. Diese Aktion unterstrich nicht nur seine Leidenschaft für Abenteuer, sondern auch sein starkes soziales Engagement.

Jonas Moll hat einen internationalen Bildungshintergrund. Er studierte Betriebswirtschaftslehre in Hongkong und nutzte sein Wissen, um eine erfolgreiche Social-Media-Agentur aufzubauen, die er 2022 gewinnbringend verkaufte. Seitdem widmet er sich voll und ganz seiner Karriere als Content Creator und Unternehmer.

Seine Arbeit kombiniert Reisen, Abenteuer und Unternehmertum auf inspirierende Weise, während er weiterhin durch innovative Projekte positive Veränderungen in der Welt bewirken möchte.

Alexander Reckhaus alias AlexV

AlexV ist ein deutscher YouTuber und Reiseblogger, der mit seinen Abenteuern und kreativen Inhalten ein breites Publikum begeistert.

Bereits seit über 10 Jahren auf Social Media aktiv, hat er sich durch spannende Vlogs, beeindruckende Reiseberichte und seine authentische Art einen Namen in der Online-Welt gemacht.

AlexV ist besonders bekannt für seine Leidenschaft, neue Orte und Kulturen zu entdecken, die er auf seinem Kanal in eindrucksvollen Videos dokumentiert. Dabei verbindet er professionelle Filmtechnik mit persönlichem Storytelling, was ihm eine treue Fangemeinde eingebracht hat.